の細井平洲論

と忍びざるの心で藩政改革を促した細井平洲

―「衆の誠」がつくる「仁の里」―

久田健吉

知多の哲学者シリーズ⑯

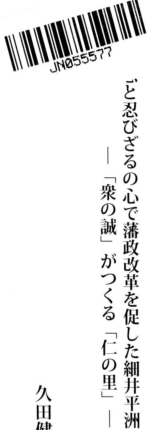

はじめに

私はこの「細井平洲の思想」でもって、「知多の哲学者シリーズ」をまとめようと思っています。集大成にしようということです。

しかし大変大きな問題があるのです。それは、この細井平洲の思想をどう書いたらいいのかという問題です。理由は以下の通りです。

平洲は自分だけでなくみんなの幸せを考えた大変な哲学者ですから、書こうと思えば一杯書けるのですが、しかし、その研究は地元東海市でほとんど完璧になされていて、それゆえ、私には、受け売りか二番煎じのものしか書けないということ、これなのです。

しかし、東海市には、細井平洲が残した論文や草稿、日誌や碑文について、ほとんど翻刻され現代語訳もつけられ、保存されています。だからこれを全部読んでいけば何かが出てくるでしょうが、八十路を越えた今の私には、それをやり切る勇気も展望も出てきません。これがこの問題の最大の癌です。自分ながらにそう思います。

それなら、細井平洲を除いた形で、「知多の哲学者シリーズ」をまとめればいいではないかと言われるかもしれませんが、それでは、「仏つくって魂いれず」となってしまいます。平洲ほどの哲学者を、自分に書く力がないから書かないと言うのでは、話にならないからです。

そこで私はいろいろ考えました。その結果、以下の考え方に到達しました。地元の研究者たちが研究した研究を徹底的に研究するということです。地元では、細井平洲没後一九〇年記念出版ということで、東海市教育委員会が『東海市民の誇り　細井平洲』を出版していますが、細井平洲のどこに誇りを感じているのかを、徹底的に研究するという研究です。

この『東海市民の誇り　細井平洲』は、東海市の教育委員会の人たちが、平洲はこうあって欲しいという願いから創作したものではなく、平洲が残した資料や門弟や関係者の資料に厳密に基づいて書かれています。このことは、平洲記念館名誉館長の拝命を受けた童門冬二氏が、『完全版　細井平洲』で、克明に論証してくれてもいます。

童門冬二氏は、平洲の藩政改革は、儒教が持つ「恕と忍びざるの心」という思想に開眼することによって開かれたと言いますが、この理解は私にも全く正しいと思えます。

更に童門氏は、平洲はこの思想を、学者になるための、アカデミズム的・高踏的な儒教研究からでなく、つねに庶民や農民を主体者とする生活者目線で、学問を役立てる考えにおいて、恕と忍びざるの心を引き出してきたと言います。

この思想こそが、藩主の目線を、藩財政を支える農業生産において、働かせるための管理統制から、農民が生産者として喜びをもって生産できる生産システムへと変更させたと言っていいでしょう。藩主及び藩士が自ら身を切る改革によって、農民のやる気元気を引き出したからこそ、藩政改革は成功したと言えそうですので。

恕と忍びざるの心は孔孟（孔子と孟子）思想の中心概念で、儒教の中心思想です。だからこの平洲の「恕と忍びざるの心」の理解は必然と言えますが、しかし、この幕藩体制のもと、士農工商という身分制のもとでのこの理解は、画期的と言わねばなりません。何がこうさせたのでしょうか。単に平洲が天才的だったと言うだけではすまないと思います。童門氏はその理由を以下のように説明しています。

平洲にとって「底辺で生きる人びと」の生活は、「〈ひとごと〉ではなく〈わがごと〉だった」からと言います。「民の苦楽」はわが苦楽。これが平洲の原点であったと言います。それゆえ、人びとの生活を支える農民たちに、塗炭の貧困の苦しみを強いるようであってはならない。儒教の教えは、統治者たるもの農民ら庶民の生活を豊かにすべしと説いたと。平洲は儒教を深める中で、「恕と忍びざるの心」に到達し、諸藩で実践する中でこの考え方の正しさを確信するに至ったと言います。

しかしここまで書いてきて、私は何か上滑りをしているように感じるのでした。童門氏は、底辺に生きる人びとの生活をわがことと思うことが平洲の思想の原点と言いますが、なぜ原点にしたのかの説明はありません。そして、『東海市民の誇り　細井平洲』の中にも。

平洲の思想の原点がここにあることは間違いないと思いますが、この原点をいつどこで獲得したのか。儒教研究の中で獲得したのか、それ以前の幼年時の学びにおいてなのか。私は幼年時の寺子屋での学びにおいてと確信しますが、童門氏も東海市教育委員会もこれへの言及は一切ありません。

しかしこんなことはどうでもいいと思われるかもしれません。鶏が先か卵が先かの議論ですから。しかし私は拘りたいのです。日本仏教の深さをここに見るからです。平洲は幼年時に観音寺の寺子屋で学んでいます。

横道にそれたことを書きました。先の文脈に戻りましょう。

さて、童門氏はこうした平洲思想の理解の到達には、地元東海市の研究者たちから学び教えられたことによって可能となったと言います。端的に言えば、双方向の学び合いにおいてこの理解に到達できたと言うのです。

こうであれば、先に述べた東海市教育委員会の『東海市民の誇り　細井平洲』のみならず、童門冬二氏の『完全版　細井平洲』をも徹底的に研究することの意義はあると思えます。そしてこれにプラス、執筆者たちがこの本の元にした原典に即した研究をしていけば、何かが出てくるように思えます。すでに出てきています。観音寺で学んだ「衆の誠」の語がその一つです。これについては第一部で詳論します。

この方法でやれば、私の細井平洲論は書けるような気がします。おぼつかない出発になりますが、この考え方で出発します。

〔目　次〕

第一部

東海市教育委員会著『東海市民の誇り　細井平洲』（一九九〇）の徹底的研究
―私の細井平洲論確立のために―

この本の中味を順を追って紹介しながら、＊を付して私のコメントを書いていこうと思います。童門氏及び原典を睨みながら。

最初に、この本の目次を紹介します。

以上

＊童門氏と東海市の出会いについて。童門氏が一九九〇年に東海市から、「細井平洲の地域リーダーづくり―細井平洲と上杉鷹山―」の講演依頼を受けた時が最初です。ということは、この本の発行を機に、更なる平洲思想の深い理解を願って、東海市が『小説上杉鷹山』の筆者童門氏に講演依頼したとなりますので、この本は地元東海市が童門氏とは別に独自の研究において書いたということが分かります。このことは東

海市の人にとっては自明でしょうが、とても大切なことです。東海市がこういう力を持っていたことの証左になりますので。
以上をまず記しておきます。
早速、中味を見ていくことにしましょう。

はじめに

久野弘東海市長は言います。市民共有の心のふるさとが形づくられることを願ってこの本を発行しました。

発刊にあたって

森本良三東海市教育長は言います。平洲の教えを現代に生かすとともに、市民共有の郷土意識をはぐくむことを目的として、この本を企画しました。

第一章　幼年時代（○歳～一○歳）

平洲は享保一三年（一七二八）、知多郡平島村荒尾の豪農の家に誕生。二男。幼名は甚三郎。八歳の時観音寺の義寛和尚に入門。秀才で勉強ずきな少年であったので、和尚より学問の道を勧められる。しかし平洲が義寛から教えられた一番のものは、「衆の誠」の尊さについてと私（久田）は思う。和尚が干天の中、雨乞いをすると雨が降り出す。衆がみなこれを和尚の徳のお陰と言うも、和尚は自らの力と言わずに、これはあなたがた衆の誠が天を感動させたから降らせたのだと言ったと、平洲が書き留めているので。

＊この言は、平洲の日誌『小語』の二五話に出てきます。「義寛曰、天応衆誠、吾何徳当之」（義寛曰く、天が衆の誠に応えたのであって、吾が何でこの徳にあたらん）という形で出てきます。私がなぜこの語に注目するかと言えば、この言の中に、平洲がやがて持つに至る農民への「恕と忍びざるの心」の原点を見る思いがするからです。平洲は義寛和尚から常々、働く人びとの誠実さは大切で尊いと教えられていたからこそ、この言を書き留めたのだと思えます。寺子屋で「衆の誠こそが天をも動かす」、衆の誠こそ尊いと教えられていたことが、平洲の学問の導きの糸になったと私は確信します。そして孔子の儒教は衆（庶民）が幸せになる道を説いているから、ぜひ学んで、これを説く人間になれと教えられたように思えます。

＊私が「はじめに」で、原典を読めば何かが出てくると書きつつ、「すでに出てきています」と書きましたが、この部分がそれにあたります。この本の筆者たちも童門氏

も、この語には注目していません。
＊義寛は義観とも表記されるようですが、私は平洲の『小語』の表記に従います。

第二章　修行時代（一〇歳～二三歳）

和尚の勧めもあり、平洲は儒教を学ぼうと思う。名古屋に出て、藩医の加藤于周に寄寓し、儒教の初歩を教えてもらう。今で言う大学教育を受ける前の受験勉強のようなもので、儒教の予備学習であった。その後、京都に出て本格的に儒教を学ぼうと思う。親戚知人は百姓の身分を考えてやめろと言うも、儒教を身につけようと思う決意はゆるがず、父母も応援してくれたので、京都に行く。しかし京都の学者たちは学派論争に明け暮れるだけで、儒教の本質を考えようとする学者はいず、平洲は失望して郷里に帰る。そうこうするうちに、中西淡淵と運命的な出会いをする。早速平洲は淡淵が開く叢桂社に入門。この人に学べば儒教の本質を極めることが出来ると確信してのことだった。

淡淵より、『詩経』の存在を知らされ、更に、それを読解するには漢文に強くなる必要があるので、長崎に出て中国人から直接漢文を学んではどうかと勧められる。小河仲栗をたよって長崎に行く。仲栗は医者であったが、儒教で身を立てようと真剣に学んでいた。彼は淡淵の弟子の平洲の来訪を心から喜び、また平洲の志を知り、学者の飛鳥子静を紹介したり中国人を紹介してくれる。

母が病に倒れたことを長崎で知る。急遽帰省するも間に合わず、母の死に目に会えなかったことを悔やみ、体の丈夫でなかった平洲は重病になる。細井家は平洲の長崎遊学と彼の重病が重なって窮乏する。平洲は飛鳥子静に百両の借財を申し出る。子静は百両を石と記し、返す必要なしとして只でくれるのだった。

＊感想として言えば、淡淵・仲栗・子静らは、平洲の先輩として儒教の真実を求めていた所へ、平洲が仲間入りしたという感じがします。しかし、誠実で天才的な平洲を知り、淡淵亡き後は彼らの中に、平洲とともに儒教の真実を極めていこうという場が形成されますが、その土台は、この淡淵との出会いにおいて形成されたと言って過言でないでしょう。

この章には右で紹介した人物の他に以下の人物についても書かれている。
人物：郷里の庄屋深谷久米右衛門、長崎在住の通訳の陳氏、書家の董宜一、南画の伊孚九、及び名古屋の叢桂社の学友野沢侯沢。

第三章　嚶鳴館時代・苦闘期（二三歳～三七歳）

仲栗が淡淵に入門すべく、長男の爵を伴って名古屋に出てくる。その翌年淡淵は、江戸に出ることになる。仲栗はこれに従う。平洲もその次の年に江戸に向かう。この時平洲は淡淵から独立を勧められる。決意して独立を受け入れる。その翌年淡淵が死亡。儒教の真実を極める課題が平洲の双肩にかかることになる。

淡淵没後、平洲は嚶鳴館を開設する。嚶鳴とは詩経に出てくることばで、鳥が友を求めて鳴き合うという意味。つまり儒教の教えの真実を力を合わせみんなで求めていこう、この嚶鳴館で。こんな趣旨から命名されたと言う。

＊私には義寛和尚の教えがここにおいてようやく開花してきたように思えます。義寛の教えについては、この冊子に書かれた以上のことは平洲の著作にも書かれていませんが、そう思えます。残っているのは、平洲が『小語』に記した「衆の誠」という義寛の文言だけですが。この義寛が、頭のよい平洲に学者になれとだけ説いたとは思えません。「衆の誠」は国の土台、これがなかったら国は滅びる。この衆たちを大切にすることが、国づくりの中心になるべきだ。その教えを儒教の孔子先生は説いていると思う。どうだ平洲、学者になってこのことを解明してくれないか。こう言われたと思

います。そうでなければ論争に明け暮れる学者たちには目もくれず、儒教の真実を求める学者との交流を深めていった理由は説明がつかないように思えるからです。学問としてだけなら、論争は論争で面白いですので。

＊次章で平洲は、「学問は経世済民でなければならない」と言いますが、この理解は、義寛の教えが原点としてあるように私には思えます。

平洲が二七歳の時、郷里の細井家は没落。そこで飛鳥子静は平洲の父を連れて上京する。小河仲栗も妻と子どもを呼び寄せ、平洲も妻帯したので、平洲の家は三家族同居となる。しかし塾経営は苦しかった。翌年飛鳥子静が死亡。それでも平洲は頑張り、『詩経古伝』を出版したり、伊予西条藩に賓師として招かれたり、詩集を『嚶鳴館詩集』として出版したりする。江戸で実力者と認められていくのだった。

他方、平洲は、淡淵の叢桂社の社友であった伊藤玄沢とも終生交友を結ぶことになる。玄沢は尾張藩の医者で、平洲の後援者的な人であったが、医は仁術という理想を持っており、平洲にとって信頼できる先輩であったからである。

人物：伊予西条藩主松平頼淳、黄檗山万福寺住職大鵬禅師、肥前熊本藩細川家の秋山玉山、長門長州藩毛利家の滝鶴台、下総佐倉藩堀田家の渋井太室、安房勝山藩酒井家の木村蓬莱、尾張藩の伊藤墨海。

第四章　平洲の教え

平洲は、国を豊かにしそこに住む人びとが幸せになれるように、学問はするものと言っている。それゆえ、学問は経世済民であらねばならない。この学問論は中西淡淵が先行しているが、平洲は同調し、弟子入りし、この学問論を発展させていったように思える。この本にもこの『小語』にも、淡淵の人柄や学的態度は述べられていても、学説については述べられていないので、本当は比較できないけれど、平洲の動向を見ているとそう思える。人びとが少しでも幸せになれるように考えていくのが儒教。この考えに基づいて具体的に研究し、このことを論証したのが平洲と思えるので。

＊後で詳述しますが、平洲は、嚶鳴館遺草の中で、儒教には名将賢君の思想が書かれている。藩主はこれを学ぶべきだと述べています。

＊この章を読むと、私には、平洲の思想には、すでに、国を豊かにすることによって人びとを幸せにするのでなく、人びとを幸せにすることによって国を豊かにするという発想の転換の素地がつくられているように思えます。義寛和尚の「衆の誠」の教えを

具体化する方向において。儒教の教えは世の中を良くするにはどうしたらいいかです。平洲がやがて持つようになる「恕と忍びざるの心」は、この発想の転換がないと生まれて来ないように思えるからです。

＊後日、『空海』という映画を見て、平洲が義寛和尚から受けた「衆の誠」の思想の中に、すでに「人びとが幸せになることによって国は豊かになる」という思想が込められているのではないかと思いました。顕教の最澄が「国を豊かにすることによって人びとを幸せにする」と言うのに対して、密教の空海は「人びとを幸せにすることによって国を豊かにする」と言っていたからです。義寛の観音寺は真言宗のお寺です。

そして、この経世済民の道は実践されなければ実現しないので、「学思行」あいまって良となすの思想が生み出され、かつ、この実践はみんなでやらないとうまくいかないので、仲間ふやしの術として「先施」の思想も生み出されて来る。率先垂範がなければ善行も推進されなくなるので。

更に、教育論も、人びとの幸せを実現するための教育論だから、それにふさわしいものでなければならないものと言う。みんなを幸せにする教育は、みんなが幸せになる教育だから、みんなを大切するものでなければならない。孟子の性善説に則り、みんなが己の真心を磨いていける教育を目指すべきで、その教育は、すべてを無駄にしない「菜大根づくり」の精神でなければならないと提唱されるようになる。

＊「学思行」も「先施」も「菜大根づくり」も、嚶鳴館遺草の中に出てくる思想です。嚶鳴館遺草を読む時に詳しく説明します。第四部参照。

第五章　嚶鳴館時代・賓師期（三七歳〜五三歳）

国を豊かにする道、それはそこに住む人びとが幸せになることから始まる。両国橋の辻講釈での平洲のことばだ。このことばを、困窮する上杉家の米沢藩を立て直そうと努力していた家臣の藁科松伯が聞き留め、藩主（重定）に、平洲を世子（将来の鷹山）の師として迎え、この教えでもって藩財政を立て直したいと進言。こうして平洲の思想が上杉家の思想となるのだった。

平洲は、まず藩主は領民の父母でなければならないと説く。衆の誠に応える道は領民を大切に思う藩主の心以外にないとして。「どんな時も領民のことを考え、真心を持って領民の暮らしが良くなるようにし、領民の心が豊かになるよう努力する父母になるのでなければならない」と。

重定の跡を嗣ぎ藩主となった治憲（後の鷹山、これ以降は鷹山と表記）は、以下の決意の歌を詠む。

受けつぎて　国の司の　身となれば　忘るまじきは　民の父母

しかしこの「藩主民の父母」論は、藩主だけでなく、領民を統治する立場にある藩士はもちろんだけれど（この思想を現場で実践するのは藩士だから）、領民にも持ってもらう必要があるとも言う。衆の誠は衆が発揮するものだから。衆が父母に感謝する心を持ってもらうために。これがないと、誠は本物の誠にならない。それゆえ平洲の教育論の最大の特徴は、藩主藩士教育だけでなく、藩民全員を対象としている点にあると言ってよい。

＊この封建の時代に、平洲は農民にも教育をと言います。とてつもない思想家であることが分かります。

＊私は第三章で、嚶鳴館の命名の由来について、嚶鳴とは詩経に出てくることばで、鳥が友を求めて鳴き合うという意味と紹介しましたが、ここまで来ると、藩主・藩士が領民と呼応して、農を盛んにし藩政改革を進めていく場として嚶鳴館と命名したようにも思えてきます。大げさに聞こえるかもしれませんが、平洲の思想の本質が分かって来ると、大げさではないように思えます。平洲は封建主義者だけれど、心は、「民

も人間」の平等主義者であったように思えます。

鷹山が藩校を再建。平洲が「興譲館」と命名。なぜ興譲館なのか。譲を興すとは、たんに譲り合うということでなく、みんなが幸せになる正しい道を見出すために、自説に固執することなく譲り合い、正しい道を選んでいこうという意味と平洲は言う。

＊興譲の意味を右のように解するのは飛躍しすぎかもしれませんが、平洲の思想に立つならこれでなければならないと思えます。平洲は学者になるために儒教を学んだのでなく、みんなが幸せになるために学んできたのですから。それに譲には、禅譲と言って、君主が自主的に賢者にその地位を譲るという意味もあります。

＊この興譲館の学則の一つに、「温恭自虚　所受是極　見善従之、聞義即服」とあります。その意味は、「自らを温恭虚しくして、受くる所を極めるようにし、善を見てはこれに従い、義を聞いてはこれに服す」となりますが、この意味からも、右の理解でなければまずいと思います。

人物：出羽米沢藩の竹俣当綱。

第六章　尾張藩に仕える・督学時代（五三歳〜六五歳）

五三歳の時、尾張藩の藩主徳川宗睦に請われて宗睦の侍読（先生）となる。そして藩校明倫堂の督学として学校教育の基礎を築く。藩内各地で廻村講話を実施し、農民の思想を高める。『群書治要』を出版し、同書を下に、政治は公論で衆知を集めることの大切さを説く。

＊尾張藩に仕えた理由。父母の国であり、自分を育んでくれた土地だったからでしょう。しかしその心は、衆の誠を育んだ尾張藩の善政への恩返しのように思えます。他藩は六公四民の年貢でしたが、尾張藩は四公六民でした。これが善政です。そして、衆をもっと育んでもっといい藩になってもらいたい。その力に私はなりたい。こんな気持ちであったように思えます。更に『群書治要』を著わす中で、公論で衆知を集めようと言っています。誠を大切に思う信頼できる衆の育成とともに、豊かな藩政のために、ともに頑張る仲間づくりをしようと言っているようにも聞こえます。

第七章　功成り名遂げて（六五歳〜七四歳）

『群書治要』を完成後、平洲は休暇を得て、郷里・平島村に遊ぶ。供に樺島石梁を連れて。政治も学問も藩民の幸福のために努力するのでなければならないが、それが実践されている姿を確認するための遊びであったようである。豊かに耕された村々を見て満足に思う。藩主宗睦の理解と後押しでここまで来ることができた。万感の思いだったに違いない。そして私の恩返しは終わったと思う。宗睦没後、明倫堂督学の免除を願い出る。上杉鷹山の実践を確認したいという願いもあって。許可される。米沢では「聖君の先生」と歓迎される。こちらにも満足する。そして鷹山との再会は涙、涙の再会となる。導いてくれた人への感謝、実践してくれた人への感謝となった。後日のお願いとして、私の遺文集が出版されることになったら是非その序文を書いて欲しいと、平洲は鷹山に頼む。鷹山は、一〇年後の『嚶鳴館遺稿』の出版の際に、平洲の徳をたたえた序文を書くのだった。

人物：南宮龍湫、神保綱忠。

第八章　平洲を受けつぐもの

吉田松陰は『嚶鳴館遺草』を読み、人材を育成するには賢くて優れた人を雇って師とするのでなければならないと感想を述べ、西郷隆盛は『嚶鳴館遺草』を読み、「国民の心がすなわち天の心である」と言う。

大正八年、高瀬大次郎が千二百頁にも及ぶ大著『細井平洲』を著わしたが、平洲の教育家としての業績が丹念に発掘されており、今日の平洲研究のほとんどはこの著作に負うていると言って過言でない。

内村鑑三は『代表的日本人』として、西郷隆盛、上杉鷹山、二宮尊徳、中江藤樹、日蓮を挙げ、鷹山の師であった平洲について、「当代最大の学者の一人」で、「道念の高潔な人物」と褒めたたえている。


以上で『東海市民の誇り　細井平洲』の紹介を終えます。

私の読後感として言えば、東海市は、この本を、経世済民の思想で人びとを幸せにした細井平洲を、東海市民の誇りとしてほしいという思いで書いていますが、その思いが伝わってくるとてもいい本と思いました。

しかし同時に私は、この本以上に平洲は素晴らしいと思えて来てもいます。儒教史上空前の思想家ではないかと。平洲における「衆の誠」に応える統治論は、「藩主民の父母論」です。平洲はこの思想を儒教を深く研究する中で導き出しましたが、こういう思想を導き出した儒者はいたか。空前のように思えるのです。どのようにしてこの思想を導き出したのでしょうか。この解明を、私はこの私の本での課題にしようと思います。

次からは、この『東海市民の誇り　細井平洲』に出てくる語について、平洲もしくは彼の弟子の語でもって、その思想の意味を確認していくことにしますが、同時に今述べた「藩主民の父母論」の思想がどのように形成されたかも、問題にしていこうと思います。

第二部

『東海市民の誇り　細井平洲』（一九九〇）に出てくる重要語の意味を原典で確認
―私の細井平洲論確立のために―

まず、小野重伃著『嚶鳴館遺稿注釈初編』（一九九八）に出てくる文言。

この本は、平洲の思想を正しく伝えようとした弟子たちの文言集です。各所に残された弟子たちの文言を東海市教育委員会が収集し、これに小野重伃氏が注釈を施すという形でつくられています。

平洲の学思論について

上杉鷹山が記した「平洲先生碑銘」が出典。

先生語門人曰、学思相須先聖之教也。故先聖居常、雖小事熟思不苟、至機得理到、則雖大事必勇往不疑。

先生は門人に語って言われた。「学と思の相まつは、学んだことを深く考えるという意味で、これが聖人の教えです」と。ゆえに先生は、日常において、小事であっても熟思をおしまなかったし、深い道理に思い至った時には、大事になっても、必ず勇往（実践）されるに疑い（迷い）はなかった。

＊これとほとんど同じ文言が、門人の樺島公礼筆の「細井先生行状」の中にも見られますが、多分、右の上杉鷹山の文言を借用したことによるのでしょう。

＊ちなみに『論語』では、「学びて思わざればすなわち暗し、思いて学ばざればすなわち危うし」と言われています。意味は、「学ぶだけで考えなかったら深い理解はできないし、逆に思うだけで学ばなかったら危険思想に陥るかも」となります。これを踏まえて平洲は、「学思相まつ」の大切さを説いたのだと思います。特に後者の「思いて学ばざればすなわち危うし」については、大切な教えですと言ったように思えます。勝手な独断は危険です。庶民の幸せを願う聖人（孔子）の思想をしっかり学びしっかり考え、そしてこれだという結論に達したら勇気を持って実践しよう、こう説いたのだと思います。平洲は『嚶鳴館遺草』で「我意我執」を述べ、至るところで、ジコチュウ、身勝手を戒めています。特に第四部参照。

＊「学思行相まって良となす」は、東海市教育委員会が、細井平洲の思想に基づいて、彼の思想を端的に言い表した文言として、こう表現したと言われていますが、なかなか素晴らしい表現と思います。

＊この「平洲先生碑銘」とは、浅草の天嶽院にある平洲の墓に刻されている墓誌のことです。

平洲の教育論について

樺島公礼筆の「細井先生行状」が出典。

先生専以経学徳行訓乎人、以善誘成材為己任。於是乎、名不求而日高、望不期而日重至。

先生は専ら経学を徳行として人に訓（教）え、善に誘い、ひとかどの人材にするを己の任とされた。このために、名声は求めなくても日々に高くなり、声望も時を経ずして日々に高くなっていった。

＊平洲は経学（儒教）を徳行（道徳）として教えていたと言います。たんなる知識としてでなく。大切な指摘と思います。平洲は儒教の精神を「成徳行」と言います。社会に徳行を実現することが聖人の願いと言っています。

＊この「細井先生行状」は、もともとは『嚶鳴館遺稿』の付録としてあったものですが、新しい版ではなくなっているので、この本で紹介したとのこと。

またこの書には以下の叙述も見られます。

明公使先生循行教諭百姓。僧俗男女会集聴教者、毎場数千人、或至万余人。先生為講孝経四子等書、因縁広義、論人倫之本、論治生之道、弁公私別淑慝、導以温言、厲以危言。

尾張藩の徳川宗睦公は、先生に百姓たちのために廻村講話をさせた。僧俗男女が集まり教えを聞く者は毎会場数千人、時には万余人に至った。先生はそこで、孝経や四聖人等の書を講じられた。因縁の義を広め、人倫の本を論じ、治政の道（政治の道）として諭し、公私の分別や善悪の区別の必要を弁じられた。温言で導き、危言でもって戒められたのだった。

＊ここでも、平洲は、孝経や四聖人の教えを、「人倫の本」や「治政の道」として説いたと言われています。我意我執を戒めるために。

更にこの書では、以下のようにも言われています。

先生嘗謂、有天地而有人、有人而有聖人、有聖人而有聖経。聖人之於人、類也。今以

其類読書、有不言之妙存于其間矣。……聖学之要在于成徳。先生は嘗て次のように言われた。天地があって人が生まれ、人があって聖人が生まれ、聖人があって聖経が生まれたのだから、聖人と人との関係は類に対する教育となろう。今その精神で聖人の書を読めば、不言の妙が行間から出てくる。……それゆえ聖学の要は徳をなすことにあることが分かろうと。

＊「類」について。私は、『嚶鳴館遺草』に「有教無類」（教えあれば類なし）の文言が出てきて、「善悪邪正」の弁別ができるようにするのが教育と言っていますので、右のように訳した次第です。

右の諸語の説明を聞くと、私は、平洲が、儒教の教えを道徳として理解し、そういうものとして実践していたということがよく分かります。そしてこれが本当に正しいと言えるかについては、その成果を見れば分かります。この実践が人を動かし人びとに幸せをもたらすことになったのでした。米沢の鷹山公は人びとを幸せにしました。尾張藩の宗睦公の実践もそれを示しています。正しいと言っていいでしょう。

仁の源泉を示す旧里碑について

私は、平洲の思想の源泉は、義寛和尚の教え「衆の誠」にあると、第一部で＊を付して説明しておきましたが、旧里碑を執筆した秦鼎もそう言っているように思えます。ここには「仁の里」の文言が見られます。

秦鼎筆の「細井先生旧里碑」より

銘曰、混混霊泉、其源何在。観仁之里、無不自励。嗟昔先生、携家家東。今也邑人、追思無窮。

先生を銘に刻して讃える。先生の思想の湧き出てくる源泉はどこにあったか。この仁の里を見ればすぐ分かる。自ずから仁に励む里になっているから。先生は若くして家を携えて江戸に住み、その思想を鍛えたのは、この仁の大切さを説くためであった。そして今や、その成果は村人の誇りとなり、先生を追思してやまないものとなっている。

*この銘に出てくる「仁之里」(仁の里)は何を指すか。不耕の土地なく米や野菜がきちんと作付けられる姿と私は思います。『嚶鳴館遺草』の中で平洲は以下のように言っています。

人の生命を立てるものは衣食であって、その「衣食の源は百姓の勤勉」にある。だから農民は国の根本である。にもかかわらず、代官の中には農民の悪事を探して苛めることを仕事としている者がいる。これではいけない。上に立つ者も下で働く農民も相互に立ちいくようにすること、これが肝心だから。農民を教え導き指図するのでないといけない。仁愛の心でもってそれをするのでないといけない。

農民の仁は勤勉です。この勤勉が実践されている里という意味で、仁の里と言ったように私には思えます。平洲は、このような国を支える大切な農民が奴隷のように働かせられるのでなく、大切にされるのを願って、儒教にその道を求めていったように思います。私が先に、平洲が義寛和尚の「衆の誠」と書き留めたことに注目したのは、平洲がこの衆の誠こそが仁の里を生み出していく原点と考えてのことと思ったからです。

＊平洲の農民への思いは、平洲の『嚶鳴館遺草』を読めば読むほど出てきます。たんに藩政改革の土台になる人間だからだけではないと思います。もっと深めています。
＊この「細井先生旧里碑」は、東海市荒尾の神明社にあります。旧里碑とは、古里に立てられた碑という意味です。

幼い頃の平洲の傲慢さについて

幼い頃の平洲の傲慢さが、この『東海市民の誇り』にも樺島公礼筆の「細井先生行状」にも書かれています。しかし傲慢であっては学は学べません。平洲はどこかで反省しているはずです。ありました。それを紹介しておきます。

樺島公礼筆の「細井先生行状」より

観音寺僧庭前松樹曰、嘗攀此、余叱曰、童子無礼、垂足於人頭上。先生笑曰、豈啻足。我学終圧汝輩矣。

先生の供をして郷里に遊んだ時、観音寺の僧が先生の幼い頃を語ってくれた。庭前の松の木を指して言われた。かつて先生はこの木に登られ、頭上に足を垂らしていたので、これ坊主無礼だぞ、人の頭の上に足を垂らすとはと叱った所、先生は笑って言われた。どうして足だけなのだ、俺は学んでお前など追い越してやるからなと。

なんとも傲慢です。

平洲は『嚶鳴館遺草』の中で自分の経歴について簡潔に述べていますが、その中で反省の語はないけれど以下のように述べています。

貴人でも賤民でも教えがなければ人間として成長することはできない。それゆえ、身分賤しく生まれた人の場合、幼年の時より、悪いことをすれば、父母兄弟・知人から目を怒らして戒められる。こうして、遠慮や気遣いが身につき、苦しいことも忍ぶことができるようになり、私は大儀な業も覚えられる人間に育つことができたのだった。

＊右の文言には、「足垂らし」事件については何も書かれていませんが、強く叱責されたことが想像できます。これに続けて、平洲は、身分の賤しい出であっても、福徳厚く生まれた人は、手習い学問や講釈を聞いて学問に関心を持ち、辛苦心労を背負って学問したおかげで、高位貴人の賓師にもなり、治国安民の相談を受けるようになれたと言っていますので。辛苦心労の中に、右の「遠慮や気遣い」が含まれていると思います。

賓師となるも禄聘をしりぞけた理由について

平洲は当初は「賓師」にはなっても、禄取りの「督学」にはならなかった。なぜでしょうか。以下の文言を読んで考えることにしましょう。

神野世猷筆の「平洲先生感懐詩」より

余講業東都三十年、屢却諸侯禄聘。年五十三、始奉藩命、還郷而為国督学。自載詩書入武城。但憐経芸属文明。狂愚漫却千鐘養。菽水聊供数口生。不料新恩加朽腐。還将老涙拝墳塋。哀年顧景如流水。何日毫毛答寵栄。

私は江戸で三〇年経書を講じてきたが、その間にしばしば諸侯から禄聘を受けるもみなお断りをしてきた。しかし年五三の時、はじめて尾張藩から督学の藩命を受けたので、（嬉しく思い）故郷に帰ることにしたのだった。経書を研究することを目的として江戸に来てより、私は学問が文明に寄与するのをひたすら願ってきた。その狂愚から、千鐘の養となる禄聘をみだりに辞退したのだった。そのため、豆や水などで数人の生を養うのにも汲々だった。ところが思いもしないことに、そんな朽腐の私を尾張藩が新しい計画の下に、督学として迎えてくれることになったのである。私は喜んで受諾し、老涙を流してお墓にまず報告した。年を取った今、過去を振り返れば流水のごとく過ぎ、時間はないけれど、私は、いずれの日にか少しでもこの寵愛の栄誉に応えられるという確信を持って、受諾したのである。

私（久田）はこれを読んで、尾張藩の督学としての禄聘の受諾には、二つ理由があると思いました。一つは「経学」の「文明」への関与が可能かどうかの問題です。「狂愚」という語が出てきます。このことについて、気狂い馬鹿と言えるほどに真剣だったことが分かります。しかし尾張藩からの禄聘の命を受けた時は、西条藩、米沢藩での実践で確信が持てた時にあたります。これならば尾張藩の督学の命に応えることができる。この確信が第一の理由です。もう一つの理由は自分を育ててくれたことへの恩返しです。尾張藩は他藩が年貢を六公四民としていたのに、四公六民として農民に心ある対応をしてくれていました。自分が学に志し、学を修めることができたのはこの農民優遇政策のおかげです。しかも、私の学問論は経学の文明（政治）への関与です。その私を認めて督学となれと言ってくれ、禄聘において招いてくれたのだった。嬉しかったに違いない。農民を大切に思う役人を育て、それにおいて農民を指導すれば、農民は農民で上を敬うようになり、法を犯す者はいなくなる。これが私の理解する儒教の根本精神。この精神で恩返ししたい。頑張ろうと思っての受諾だったと思います。

次は、小野重伃著『嚶鳴館遺稿注釈尾張編』（二〇〇〇）に出てくる文言。

この本は、『嚶鳴館遺稿』で収録されなかったものを収録し、尾張編として出版されたものです。この本の成立の事情は前の本と同じです。

平洲の学思論について

論語の「学びて思わざればすなわち暗し、思いて学ばざればすなわち危うし」の学思行について平洲は以下のようにも論じています。

有政之難、不学無術、而君素已学焉、唯其学歟、不思則罔、唯其思歟、静而后能安、安而后能慮、慮而后能得。

政治は難しいので、学ばなかったらいい術策は見つからない。君（ご家老）はすでに学んでいる。しかし学んだだけで思考しなかったら、深い考えには至れない。その後静かに安らげて、安らげた後に熟慮するのでなければいけない。その熟慮がよい策をもたらすのです。

＊政治での学思行は、学思の上に更に心を安らげ熟慮するのでないといけないと言っています。軽々な結論は厳禁ということなのでしょう。これは米沢藩の重臣の質問に応えた文言です。

次は、小野重仔著『嚶鳴館遺稿注釈米沢編』（一九九六）に出てくる文言。

この本も、右の本と同じ理由で、米沢編として収集出版されたものです。成立の事情も前と同じです。

平洲の執政論

上杉鷹山の下で改革に頑張る江戸家老竹俣当綱を励まして、平洲は次のように言います。

抑非大臣之所以経国也、君豈願之乎。君敏而好学、不恥下問、恭倹自守。志在済物。挙国之民、已知其忠、我復何言。

そもそも大臣（家老）が国を治める役職でないとしたら、君がどうしてそれを願おうとするのか（それを自覚しているから悩むのだ）。君は利発にして学を好み、下に問うことを恥とせず、他者に敬意を表しつつ自分の役目を自覚している（恭倹にして自守）。そしてその志は物（国）を救うにある。挙国の民はすでに君のその忠を知っている。その君に私が助言することはない。ただ励ますのみだ。

＊執政は家老の仕事であって、君はその仕事を立派に果たしていると言います。説くばかりでなく、励ますことも平洲の大切な指導論であったようです。

次は、皆川英哉氏による口語訳『嚶鳴館遺草』（一九九七）に出てくる文言。

この本は、平洲の国字による遺稿集です。米沢、尾張、西条の諸侯に応えた文言を収録した文言集です。西条藩士上田雄次郎が編集。天保六年に刊行。

ここからは原文は省略します。私の要約でもって紹介することにします。

平洲の政治論（野芹）について

・藩主は一国万民の父母という自覚に立つべきです。民を子どもと思い、民の飢え凍えを嘆き悲しむ心、民の心に和する心を持つのでないといけません。民の幸せを実現していくのが政治ですので。

・それゆえ節倹は民に恵みを与えるためにするものであって、藩主自身の生活を安楽にするために民に強いるものではありません。

・こうすることが仁徳の政治、仁の政治というものです。仁の心で政治をすれば、民も仁を好むようになります。仁徳こそ民の願いとなりますので。

・士大夫（藩士）の役目は、民を藩主に和するようにすることです。しかしその前に、藩主が徳ある政治をする必要があります。藩主が聖賢の学（儒教）を学び、仁徳の政治に努力するのでなければならない理由はここにあります。

平洲の教学論（教学及び政の大体）について

・民を仁の思想で教化すれば、仁徳実現の道は一層開かれます。民も善の心を持つに至るからです。それゆえ、政治が教学を第一としなければならない理由が明らかとなります。聖人の教えの本領は、「君子道を学びて人を愛し」、かくすることによって、「小人道を学びて使い安く」なることにあるのですから。

＊右の文言は封建道徳そのもののように聞こえますが、そうではないのです。この文言は含蓄あるもので、普遍的真理を述べています。封建道徳に留まりません。第四部で再論しますが、仁の心で和するは統治の普遍的真理です。目標です。これが平洲の統治論だったのです。

・そしてこのためには、藩主は士大夫（藩士）を仁を施すことのできる人間に育てねばなりません。貪欲の心を持たない正直な人間に。こうでなければ、民を仁に導く道は開けません。

＊どんな社会においても指導層と被指導層は存在するわけで、今日においても、仁の指導に仁で応える仁の道という思想はとても大切です。

平洲の代官論（農官の心得）について

・衣食の源は農業にあります。農業は百姓のつとめです。それゆえ、代官の仕事はとても大切です。百姓は学問がないため身勝手な面を持ちますが、だからと言って苛めるだけではいけません。これでは仁の心は育ちませんので。労りの心でもって指導をし、相互に立ちいくように指導するのでなければなりません。仁愛の心で接することが肝心です。しかし百姓の気を緩めさせるだけではいけませんぞ。

＊童門冬二氏は、これらの平洲の思想を「恕と忍びざるの心」と理解していきます。これでいいと思います。私もそう思います。しかし単純な理解ではまずいですね。深い理解でないと。百姓の気を緩めさせるだけではいけないと言っていますので。この論は、以下の平洲の統治論（管仲の牧民思想）に連動していきます。

平洲の建学論（建学大意）について

上杉鷹山の藩校についての試問に対して、平洲は以下のように答えます。

・藩主が自分一人の欲に生きるだけで、世を憂え藩民を憐れむ仁心を持たないと、身を滅ぼすことになります。安上利民（民を利すれば上は安泰）は今も真理です。安上治民（上を安泰にするために民を統治する）ではいけません。民を苛めることになりますので。この安上利民の精神は尚徳において開かれます。そしてその尚徳の要は遜譲にあります。藩主と言えども、仁に忠実であるということは正しい仁に従うのでなければならないということです。仁が譲でなければならない理由はここにあります。その心を養うのが藩校の目的です。それゆえ藩校の名前は「興譲館」がよいでしょう。

・元服すれば藩主となり大臣となり為政者になる武士たち。この人たちに忠愛の心がなかったら大変です。そうだから、譲の心を学ばせ、自らが持つ驕満を戒めさせることが大切です。藩校はそういう教育の場であるべきです。

・『大学』では、以下のように言われています。

一家仁、一国興仁。一家譲、一国興譲。

人君が仁の心を持てば、その国に仁の心が生まれ、人君が譲の心を持てば、その国に譲の心が生まれる。

藩主の責任は極めて重いのです。

平洲の農民論（管仲の牧民思想）について

・犬猫でも教えて教えられないことはないですが、ましてや人間は万物の霊長であって、善を好み悪を憎む心を持っています。それゆえ人間を導いて善悪を教えることは可能で、必要なのです。ここにこそ教育の意義があるのです。しかし米倉が乏しくなると、いつしか厳しく取り立てるだけとなり、農民への教育がおろそかにされます。これではいけません。孔子先生は言っています。民を富まし善に導くことが大切だと。これこそが衣食足りて礼節を知るの極意ですと。

＊この言からは、人間は人間であって人間に差はない、平洲の人間平等論がかいま見えます。

平洲の統治論（管仲の牧民思想）について

・政治の根本は、万民を上に従順させることです。下が上に従順しないということを許しておいてはいけません。これではどんな善政も行なわれなくなってしまいます。藩主は民のために国を守り、民は心から上に従うのでなければならない。しかしこれを可能にするものは藩主の仁愛の精神なのです。

＊突如として平洲が封建道徳を説きだしたように見えますがそうではないのです。続けて次のように言っています。

政治というものは、藩主や士大夫や藩士が下の万民をとり裁く掟ですが、その掟は人情に従い無理のないように、どこまでも道理を立てて裁くのでなければなりません。なぜなら、人はみな、貴賎賢愚の差別なく、嬉しいことには喜んで従い、嫌なことには背き逆らうものですから。どんなに威勢があっても無理強いをし、押さえつけることをしてはいけません。仁という徳を目当てとするのでなければならない理由はここにありますと。

仁とは人を不憫に思うこと。この心のことを忠恕と言います。忠恕の心を持つことが仁実践の大本です。そしてそれをあくまでも掟として実践することだと、平洲は言います。

＊童門冬二氏が、細井平洲の思想を「恕と忍びざるの心」と評する場合、右のことをどう考えているか。私は、政治は万民をとりさばくものであるゆえ、仁の心で勇気を持って断行するのでなければならないとの意味も込めて、言っていると解しますが、どうでしょうか。

＊それにしても、ここでの童門氏が注目する平洲の「恕と忍びざるの心」ですが、実際の管仲の思想にはないもので、明らかに平洲の挿入の思想なのです。第一部の終わりで平洲の「藩主民の父母論」に注目しておきましたが、これと関係する思想です。今ここでは注目に留めますが、第四部で詳論します。

管仲の牧民思想に基づくこの統治論において、平洲は右のことの他に、いろいろなことを言っています。以下でそれを示しておきます。

・下に上を敬わせるために、上は上を敬うようにしなければならないとして、山川や宗廟や祖先への敬いの大切さを提起します。

山川を敬う理由

山川は万物を生み出す恵みの力を持っている。しかし人間がこの恵みを得ようとすれば、この仕組みに従うのでなければ得ることはできない。春夏秋冬に合わせて種を蒔き、作物を植え、手入れをし耕すのでなければ。人間はこの仕組みに従うのでなければ生きていけないということを、民に知らしめるために、上は山川を敬うのでなければならないと。

宗廟や祖先を敬う理由

今日の平和な道が開かれたのは、宗廟や祖先の努力があったればこそである。この安定した平和な生活は棚ぼた式にもたらされたものではない。このことを民に知らしめるために、上は宗廟や祖先を敬うのでなければならないと。

・そしてこの安定した平和な生活を維持するために、藩主は民をもって国を守り、民は心から国を守る必要が出てきます。だから藩主は臣民の心根の本になる礼義廉恥の四維を育むのでなければならないと言います。そしてこの四維の要の思想は置かれた分限を守り正直に生きることだと。この四維については、第四部で詳述します。

＊右の平洲の主張を見ると、封建道徳そのものに見えますが、前に述べたように、そうではないのです。これの実践においては、為政者たる武士階層は忠恕の心で、民の願いに適うように、喜んで働けるように導くことが肝心と説いていますので。民を勤勉にして富貴にする。これでなければならない。更に為政者は民心に応えるものですから、私心があってはならないとしつつ、君主の徳は下の者の手本となるものゆえ、藩主の徳は明徳顕徳でなければならず、それにふさわしいものであらねばならないと言います。藩主には大変厳しいのです。

＊民心に応えるという思想は今日においても大切な思想です。市民目線と言ったらいいでしょうか。しかし中味は市民目線よりもっと厳しいかもしれません。飢えも絶滅もない豊かな生活の保障と言っていますので。民の欲は「佚楽・富貴・存安・生育」の四つと言い、これを実現することが統治の目標と言っています。第四部参照。

平洲の君主論（つらつらぶみ）について

この項は、「幼い頃の平洲の傲慢さ」で述べた項と少し重複します。

・人間というものは、貴人も賤民も教育を受けてはじめて人間になれるのです。そのために賤民は悪いことをしないようにと幼時から遠慮気遣いを教えられます。その中で私は幸せにも、福徳を厚く受け、手習いや学問を志すことができたのでした。堪忍容赦を習い、飢渇の難儀を知り、人情の厚薄と人事の苦楽を知ることができ、治国安民を語れるほどになったのでした。しかるに貴人には賤民の境遇はありません。この平和な時代には諫める大臣もいません。これでは名君賢将にはなれません。これを克服する道は、学問を学び、他者への気遣い、忠恕の心を身に付ける以外にありません。

・是非や善悪の基準は人間の道理にあります。

・その学問を学ぶ時に大切になるのは師です。どういう師がよいか。学ぶということは道理を明らかにしていくことですから、これを体得した人でないとまずい。物知りだけでも駄目。更に、すべての人を育てるという心の人でなければなりません。よい菊だけを育てる菊作りの心でなく、すべてを収穫しようとする菜大根づくりの心の人でないと駄目です。政治は民すべてを善い人にすることが目標ですから。

・実際、教育の目標は善行善心の人を育てることにあります。仏者は成仏を、儒者は成徳を目標にしています。この目標の点で宗派や学派に違いはありません。篤学実行の人を師に迎えるべきです。藩主の願いは民を善導することです。だから師は宗派や学派に拘る必要はありません。大賢英才は篤学実行の人の指導から生まれてくるものです。

平洲の君主論（つらつらぶみ）

・良師を得たとして、この良師の力を発揮させるには工夫が必要です。良師と言っても、元を正せば、家来の立場にあるわけです。だから自由な発言は慎みます。これではいい教育はできません。実の師匠として行動できる自由を保障することが大切です。学問や教育の場では常礼・常格をはずし、身分から来る差別意識を除去します。そして師を師臣として遇し、賓客とか賓師と呼称する必要があります。

＊学問や教育の場では常礼・常格をはずすという思想は、封建道徳を超えています。これは何を意味するのでしょうか。平洲は、支配者の人びとを貴人と呼び、被支配者の人びとを賤民と呼ぶほどの徹底的な封建道徳の持ち主です。なのに、封建道徳は超えなければならない。平洲が自覚してこう主張したのか、無自覚にこう主張したのかは分かりませんが、大変な思想が述べられていることは明らかです。

・続いて「先施の思想」が語られますが、これについても微妙なことが述べられています。上から下へ語りかけるべきだと言っていますので。封建道徳を超えているように思えます。第四部、『嚶鳴館遺草』巻第五「臣の巻」参照。

＊戦後日本が上意下達の専制国家から民主主義国家に変わった当初、さかんに「公僕」

という語が語られました。役人という呼称から公務員の呼称になった公務員は、国民の公僕たれという言い方で使われました。この公僕の思想は平洲の「先施の思想」に大変よく似ています。上下が一和（協調）しないとどんな善政も成就しません。そしてこの一和で、一番大切なものはこの先施の思想と言うからです。こうやりたいと思う人（藩主）が一緒にやりたいと思う人びと（藩士や領民）に働きかけて、これを実現していくこと、これが先施の思想と言います。これをせずに命令だけだと、上意下達になる。これでは藩政改革は可能となりません。この文脈において、公僕が語られていますので。

平洲の節倹論（花木の花）について

・孔子先生がまず富ましてから教えようと言ったのは、貧しい乱世の世の中だったからです。餓死する人びとを見てのことでした。しかし今の貧乏はこれとは違います。二百年の太平の中で、食べ太って病気になって貧乏になっています。それゆえ今の人には教えて富ますようにすべきです。

・その教えの核心は栄辱の実意を知らせることです。人間には分限と天分があります。分限とは身分のことで、上は王侯貴族の貴人の身分であり、下は農工商の身分です。そして、その天分はその内部で発揮するものです。これをはずれると栄は辱に変わってしまいます。特に貴人はこのことを忘れてはいけません。統治者としてあるのですから。貴人は下の万民の苦しみを理解し、万民の苦しみを苦しみ、楽しみを楽しむ心を養う立場にあるのであって、それができなければ統治者の地位を失うことになります。転落は辱です。

・それゆえ学問所の造立はどうしても必要となります。そしてその極意は、御先祖様よりの風俗を失わず、万人が安堵するようにしたいということでなければなりません。太平二百年の御代が人をして奢靡逸楽にさせてしまいました。これを自覚させる必要がありますす。仁の心を育む中でこの奢靡逸楽を引き締めさせる必要があります。「我意我執」のままではこの奢靡逸楽から抜け出すことができません。上の仁徳での実践はどうしても必要となります。これを教える場が学問所です。

・学問所は教えあれば類なし（有教無類）の精神を持ち、教える者は人びとともに善事をなし、悪事をなさないと心得て実践すべきです。こうすれば、藩内に孝悌の民と力田（勤労）の民が増えること間違いなしとなります。

以上において、『東海市民の誇り　細井平洲』に出てくる重要語の思想の意味を、平洲及び弟子たちの文言で確認する作業を終えます。

私はこの作業の中で、大きく感動した思想がありました。平洲の中に、それは封建道徳を超える思想が見られたということです。ほとんど無意識において。

全く無意識と言った方がいいかもしれません。平洲は封建制反対の思想家ではなかったのですから。否、それどころか、平和をもたらした徳川幕藩体制を尊敬し、これを維持発展させるために藩政改革を述べるほどの封建制擁護者だったのですから。否否、擁護者どころか、この封建制を再興するための藩政改革論者であったと言えますので。

だから余計に平洲はすごいと思うのです。しかしなぜこんな風に書けたのでしょうか。私には義寛の教え、「衆の誠」の大切さに応えようとしてこう書いたように思えます。農業は人びとの生活を支え、国を支える土台です。藩財政が逼迫したのはこの衆の誠を軽んじ、藩政を堕落させた結果です。搾り取るだけの政治の結果です。

これを戒めるのが学問（儒教の教え）として、学問の自由の必要を説き、要求したから、封建道徳を超える思想を展開することになったように思えます。常礼や常格をはずせというほどに。常礼や常格をはずせば封建制ではなくなります。

やがて、身分制度は不可侵と言い、武士の身分は統治者としての身分と言いながら、農民の統治者への登用や武士の農民への転出を必要（無意識）において考えるように、平洲はなってもいきます。学問の自由を発端にして、無意識において封建制を否定していきます。第四部のまとめの部分でも問題にします。

それに平洲は農民出身です。なのに彼は統治者の指導者になっています。これはとんでもない自己矛盾ですが、平洲自身は封建制擁護者を自認してはばかりません。

少し冗漫になりましたが、この問題は平洲の思想を考える上でとても大切なことです。このことを念頭に置きながら、以下で、童門冬二氏の平洲思想の理解「恕と忍びざるの心」を問題にしていくことにします。この「恕と忍びざるの心」の中にこそ、平洲の自己矛盾と無意識は根源的に存在しているように思えるからです。

蛇足ですが、このような封建思想を超える思想を持った平洲を生み出したこと、これこそが東海市民の誇りと思います。私はこの思想を可能にしたものは、観音寺の義寛和尚の教え「衆の誠」にあると思っています。

第三部

童門冬二氏の平洲思想の理解「恕と忍びざるの心」の検討
―私の細井平洲論を深めるために―

童門氏は二〇二〇年に、『完全版　細井平洲』を出版しています。氏の平洲研究の集大成の書として。それゆえ、この本には、過去に発表した小説や評論を加筆修正して収録したり、この本のための新たな論考もなされています。更に、童門氏と東海市の関係も書かれています。私にとって至れり尽くせりの書です。この書において、童門氏の「恕と忍びざるの心」理解を検討していくことにします。

まずはじめに童門氏と東海市の関係について。

氏が『小説　上杉鷹山』を上梓した頃、平成二年に、東海市から、「細井平洲の地域リーダーづくり―細井平洲と上杉鷹山―」というテーマでの講演を依頼されたのがはじまりと言います。このテーマを見て、氏は「平洲が主役なのだ、鷹山でなくて」と、地元東海市の平洲への思いのオーラを感じたと言います。これに応えるべく童門氏は、地元東海市の研究者に学びつつ、苦節三〇年、自らの研鑽努力において、平洲思想を「恕と忍びざるの心」と読み解くに至ったのでした。私が以前読んだ童門氏の著書には、この語はなかったように思いますので。

次はこの本の概要について述べます。

この本は以下のように構成されています。

第一章　へいしゅうせんせえ―小説・細井平洲（旧書名『上杉鷹山の師　細井平洲』）

第二章　細井平洲の人間学（旧書名『上杉鷹山の師細井平洲の人間学―人心をつかむリーダーの条件』）

第三章　『嚶鳴館遺草』を読む（旧書名『細井平洲の経営学―「嚶鳴館遺草」に学ぶ』）

資料編　細井平洲の手紙と序文（新規挿入）

この構成のそれぞれにおいて、「恕と忍びざるの心」が述べられています。私はそれぞれの場面で、「恕と忍びざるの心」がどういう意味で使われているかを確認していこうと思います。

しかしその前に、恕を孔子はどのような意味で言ったのか、忍びざるの心を孟子はどのような意味で言ったのか、私の理解を示しておこうと思います。

孔子の「恕の心」について

『論語』において、孔子は、「己の欲せざる所は人に施すことなかれ」や、「己が立たんと欲して人を立て、己が達せんと欲して人を達せしむ」を恕の心と言っています。また孔子は、私の思想は「忠恕」のみですとも言っています。忠恕とは真心からの思いやりのことで、仁を実現していく根本精神と説き、これで生きることの大切さを私は説いたと孔子は言います。平洲の思想の中にも「忠恕」の語がよく出てきます。

孟子の「忍びざるの心」について

孟子の忍びざるの心は、孔子の恕の心を発展させたものです。『孟子』において、孟子は人はだれもが「忍びざるの心」を持っていると言います。人はだれもが人の不幸を黙って見ていることはできない。これが忍びざるの心です。それゆえ、この忍びざるの心でもって忍びざるの政治を行なえば、政治はうまくいくと言います。なぜなら、忍びざるの心をみな持っているので、それに人は応えてくれるはずだから。惻隠の心は仁の端、羞悪の心は義の端、辞譲の心は礼の端、是非の心は智の端です。この心をのばす政治こそが、真実の政治と言います。

話を元に戻しましょう。

第一章「へいしゅうせんせえ」を見ることにします。

「恕と忍びざるの心」の伏線になる思想を見つけたと童門氏は言います。鷹山が書いた『志記』の中にです。鷹山は事を起こす時、細井先生ならどう考えるかをいつも考えて実践したと言います。藩財政を立て直すには、上杉家の場合、「大倹約」が必要です。この倹約をどう進めるか。その理念についていつも検討したと言います。

細井先生は、統治者（藩主）は民の父母でなければならぬとおっしゃる。城の赤字の解消が目標だけれど、それだけを目的にすると、民から搾り取るというやり方も出てくる。しかしそれをやったら、今も民を不幸にしているのに、もっと民を不幸にするばかり。これでは民の支持は得られない。それは民の父母としての藩主がやってはいけないこと。こう考え、民の不幸を己の不幸と考え、民と不幸を分かち合う中での改革しかないと思うに至り、自らの倹約を柱に、民とともに経世済民の思想に立つしかない。鷹山はこれを理念にすべしと思うに至ったと言います。これこそが細井先生の説く「藩主民の父母論」だと。そしてこの思想を、童門氏は「恕と忍びざるの心」と理解すると言います。

大坂夏の陣以降、元和偃武と言われる戦争のない平和な時代が訪れます。それとともに藩政も「武断政治から農政へ」の転換の必要が出てきます。藩を豊かにするためにです。鷹山は兄の高鍋藩の藩主秋月種茂からその必要を聞く一方、上杉家の先祖の家老、直江兼続がそれを実践していたことを知るのでした。減封に次ぐ減封に遇った上杉家を立て直すために、農政を充実する以外にないと考えて。今は忘れられているだけで、伝統はある。この伝統を信じて、細井先生の「藩主民の父母論」の理念に立ってやれば、上杉家の赤字解消の改革は絶対可能と思ったと、鷹山は言います。

この要約には私（久田）の拡大解釈がありますので、童門氏の見解と異なっているかもしれませんが、大違いはないと思います。武断政治から農政への転換の指摘は童門氏ですが、平洲もこの農政については至るところで述べていますので。

では、藩主は民の父母でなければならないという「藩主民の父母論」を、平洲はどこで手に入れたのでしょうか。自分の子に対するように、民の痛みや悲しみを自分のこととして受け止め、それに対してやさしい手を差しのべるべきだという「藩主民の父母論」をです。童門氏は、この思想を「恕と忍びざるの心」と概括しますので、儒教を深める中でと考えているようです。私もその通りと思います。

しかし私には、この思想は従来の儒教を超えているように思えるのです。孔孟のどこを見ても「藩主民の父母論」の思想は出てこないからです。

とすればこの思想は平洲独自のものとなります。これは、私が第一部と第二部で触れた義寛和尚の「衆の誠」や、旧里の碑文「仁の里」に由来するように思えます。特に「衆の誠」に。衆の誠に応えるのは統治者の責任。これが「藩主民の父母論」の思想を生み出したように思えるのです。農民が豊かになれば、私のような学者がもっと生まれてくるだろうという確信からのようにも。

いずれにせよ、農民を豊かにすることによって藩財政を健全化する。これが平洲の思想です。もちろん儒教はこの精神に則っています。「藩主民の父母論」もこの儒教を深める中で確立したのは事実でしょう。しかし少し従来の儒教の思想を超えているというのが私の実感です。すごいと思います。

＊第四部で『嚶鳴館遺草』を検討しますが、そこでは管仲の農民統治論が詳しく紹介され

ています。この管仲の農民統治論が平洲の「藩主民の父母論」の土台になっているのは明らかです。しかしそれを遙かに超えているというのが私の実感です。人間性豊かな思想へと陶冶されています。

話を元に戻しましょう。

童門氏において、最初に「恕と忍びざるの心」の語が出てくるのは、藩校「興譲館」について説明するくだりです。

『大学』のテーマは修身・斉家・治国・平天下。身を修め、家を整え、国を治めることができれば、天下は平らかになる。これが『大学』の思想。そして、これをよく見ると、平天下の土台が修身にあると言っていることが分かりますと言いつつ、なぜこの藩校を興譲館と命名するか。平洲は学ぶ中で一番大切なことは、真理に忠実であることだと言っています。自説に固執するのでなく真理に身を譲ること。藩校はそれを学ぶ場、だから校名もそのものずばりにしましょう。真実に譲の心を興す学校という意味で、興譲館にしたと私は思いますと言います。

もちろんここでの真理は、藩政改革を可能にする理念です。藩民を豊かにし藩財政を豊かにする理念の構築です。ずばり言えば、細井平洲に学びつつ、「恕と忍びざるの心」で、人の苦しみを自分の苦しみと思い、みんなで幸せになろうという理念の構築です。

しかし童門氏は同時に、この興譲館命名の由来を、「細井平洲はこの譲を〈恕〉という言葉におきかえていた」と言います。同義と考えて。しかしそれなら興譲館でなく、興恕館にしたらいいわけです。何でこう言うのか意味不明です。私は童門氏の筆のミスと考え、右のように考えていると理解して書きました。間違っていたらごめんなさいです。

次に出てくるのが、興譲館完成前の松桜館での選抜二一人の学生を前にしての講義の場面です。

鷹山の目指す藩政改革は、藩が大赤字という平常でなく異常事態になっている中での改革です。「異能」の発揮が求められているのです。平常の任務の遂行では藩政の改革にはなりませんので。身分制の壁を破る必要も出てきます。豊かな藩財政にするには、民を豊かにするための産業の創業なしには不可能だからです。学生の中には、山から水を引いて水道業を興し、灌漑を充実させたいとか、名産品を生み出し輸出業を振興したいという意見が出てきます。武から農へ、武から工へという士身分から農工商身分への自発的転出の思想が必要です。

その時大切なのは「恕」の心だよと平洲は説いたと言います。そして誠の心だよと。藩の命令としての士身分からの転出なら、抵抗や反対が起きます。藩全体が豊かになるために、みんなの幸せを願う中での自発的転出なら自発的となります。この誠の心が恕だよ。これこそが孔子先生の儒教の教えですよと言ったと言います。

ここには「恕の心」は出てきても、「忍びざるの心」は出てきませんが、童門氏はそのかわりに孟子の「誠」についての言を紹介してくれています。忍びざるの心は誠の心から触発されると言います。

誠は天の道です。それゆえ誠を大切にするのが人の道となります。それゆえ「至誠にして動かざる者は未だあらざるなり。誠ならずして未だ能く動かす者あらざるなり」と言えるがゆえにと。

次に出てくるのは、鷹山が、改革を否定する七家騒動を克服し、藩校興譲館が藩政改革の土台としての機能を果たしだした頃の場面です。開藩当初、減封に次ぐ減封の処罰の中、武断でなく農に目を向け、産業を活発にさせることで藩政改革を試みた直江兼続殿の実践は、今の私にとって手本になっている。それゆえ、直江殿の法要を復活させようと提案した場面でのことです。

直江殿の実践と今の私（鷹山）の実践の違いは、私はこの実践を「恕と忍びざるの心」で自覚的に実践しようと言うだけの違いで、減封という厳しい処分の中、直江殿は必死だったと思う。必死であったという点で、今日のわが藩との違いはない。直江殿の精神を復活させようと言います。

以上の三回において、この第一部では、「恕と忍びざるの心」の文言が出てきます。

さしあたり、私はここで、童門氏の「恕と忍びざるの心」の中味を確認しておこうと思います。

最初の「恕と忍びざるの心」は「藩主民の父母論」ですが、二番目三番目の「恕と忍びざるの心」は「武から農への自発的転出論」となって出てきているということ、これが分かります。

さて、こういう差はあるけれど、私は第二部の終わりで、平洲自身は封建制堅持の思想にありながら、学問の自由の必要から、無意識のうちに封建制を超えるという自己矛盾を犯していると書きましたが、この場面においても、封建制からの逸脱を感じます。藩主民の父母論はもちろん、士身分から農工商身分への自発的転出の勧めは、明らかに封建制を超えています。それにしても「藩主は民の父母であるべし」の思想は深い。為政者を戒める思想ですので。封建制を遥かに超えていると言っていいでしょう。

そしてこの逸脱が、童門氏が言う所の「恕と忍びざるの心」から出ていることも明らかです。この事実は注目すべきと思います。


第二章「細井平洲の人間学」を見ていくことにします。

この章では「恕と忍びざるの心」は、末尾の藩政改革の実践の場面に出てきます。藩政改革は、城の赤字を解消することだけを目的にしていてはできません。この赤字は放漫経営から出てきたものですから。藩主の反省が第一です。その上で乱れた世を立て直し、民を救うという経世済民の思想を実行するのでなければ。民を豊かにして国を豊かにするという根本思想を持つのでないと支持は得られない。これが藩主の大倹約を含む「藩主民の父母論」の思想です。

この「藩主民の父母論」から、藩政改革は、藩主の大倹約を含む藩全体の倹約とともに、農政の大改革の必要が語られるようになります。財政は、「入るを量りて出るを制す」が

「常法」ですが、それができなくて大赤字になったのですから。これを立て直すには「非常の法」として大倹約は避けられませんが、それだけではできません。「入る」を増加させる改革が必要となります。

武断政治は結局において農民から搾り取るだけの統治でした。「入る」を増加させるには、農民を自由にし、自主化させ、農業を殖産興業化する必要があります。これこそが結局において藩民を豊かにし藩を豊かにしますので。

これが、平洲と鷹山が目指す「恕と忍びざるの心」の改革の中味と童門氏は言います。なるほどなるほど、これなら「藩主民の父母論」と「武から農への自発的転換論」はぴたりと一致します。

更に、童門氏は、これを実践する場合、平洲から直接指導を受けた鷹山と藁科松伯グループと受けていない他の藩士との間には、理解に差ができますので、改革推進派には、改革を受け入れてもらえるように、理解と協力を求める態度が必要になりますが、この態度も「恕と忍びざるの心」でと言います。「してみせて　いってきかせて　させてみる」の精神が必要と言います。つまり「先施の心」が必要だと。

更には、藩校入校を希望する農民も出てきます。廻村講話をしてくれという農民も出てきます。導かれるだけでなく、自ら仁の実践者になろうと思う農民が出てきて当然ですので。「恕と忍びざるの心」での改革が、こういう運動を呼び出したと童門氏は言います。全く素晴らしい。

しかしこの藩政改革は、搾り取るための政治から、統治者として、藩政を豊かなものにするための改革ですので、手先の器用さだけで実現できるものではありませんでした。童門氏は、改革を阻む三つの壁があって、これを克服する改革が必要だったと言います。物理的な壁、制度的な壁、心の壁の三つです。

物理的な壁については平洲は語っていませんが、制度的な壁と心の壁については語っています。制度的な壁としての君臣の身分制については、すでに見たように、学問の自由の大切さを論ずる中で、平洲は無意識的自己矛盾において解決しています。心の壁の克服については十分な形で紹介してないので紹介します。

守旧派の七重役の反乱は、この改革で士が農や工や商になって働けば、武の武たる「沽券」が保たれないというものでした。これを破ったのは、武が「恕と忍びざるの心」を持って、自発的に農や工商の仕事をさせることにおいて克服させていきます。これも、平洲は封建主義者ですが、無意識的自己矛盾において解決しています。前に見た通りです。

この第二章では、「恕と忍びざるの心」の語が出てくるのは、この一個所のみです。
第三章に移ることにします。

第三章『嚶鳴館遺草』を読む」を見ていくことにします。

第一節「改革の根本ここにあり」

で、童門氏は、「統治者の立場に立つ人は人を愛する心を持つのでなければならない」と言って、これが平洲の「恕の心」や「忍びざるの心」の理解と言います。『嚶鳴館遺草』の冒頭部分「野芹」に出てくる、藩政改革の必要を述べた平洲の言に注目してこう言います。

「入るを量りて出るを制す」が、財政の常法ですが、この常法が守られず、放漫経営によって財政が破綻したのですから、常法の節約では回復できません。非常の法としての倹約の必要を説いている部分で、藩主が、仁徳において、その倹約をするのでなければならないと説く場面で、童門氏はこう言うのです。

平洲は具体的にはどう説いているのでしょうか。

非常の法（倹約）が必要と言っても、民に命じてそれをやらせることではありません。民を余計に苦しめるだけとなりますので。そうでなく、藩主は民の父母として、民の苦しみを自分の苦しみと思い、藩主として受けてきた豊かな私生活を自ら反省倹約し、民と同じ生活をする中で、藩政改革を実践するのでないといけないと説きます。自ら倹約することを、非常の法としての藩主の仁徳と言います。これなしには民と一つになれないので。民と苦労をともにする。この仁徳がなければ民はやがて藩主から離れ、藩主はその地位を失うことになると説いています。

童門氏は、平洲の「藩主民の父母論」や「倹約の仁徳論」を指して、平洲を「恕と忍びざるの心」の思想家と言います。これこそが、他者を大切に思う孔子の恕の心であり、徳を持ち仁の心で民を治めるという孟子の忍びざるの心であるからと言います。納得です。

平洲の教えを実践した鷹山は、「伝国の辞」として、世子の上杉治広に、以下のような教えを残しています。

国家は先祖より子孫に伝えるものであって、藩主が私物化していいものではない。人民は国家に属するものであって、藩主が私物化していいものではない。国家人民のために働く藩主を人民は見捨てない。

第二節「何のための改革か」を見ていくことにします。

この節は前節の思想を深めるために書かれた感じがします。藩主は天と仰がれる身分だから、当然その徳を示し仁の政治をするのでなければならないが、そういうものとして、この藩主論を、平洲は藩主戒め論として書いたと言いますので。

天の心を御心として、臣民の父母となるのが藩主の道です。

天は民に恵みをもたらすものだから、そのことをしっかり受け止め、藩主は、これを正しく享受できるように民を導く民の父母となるのでなければならないとし、その心は、子どもを大切に思う恕や忍びざるの心でなければならないとしつつ、これができなければ、藩主に留まる資格はないと言って、孟子の「放伐論」紹介します。

藩主は徳がなければならない。藩主が自らに徳がないと知ったら、徳ある人に藩主の座を譲るべきである。これを禅譲と言う。しかしにも拘わらずその座に留まろうとするなら、藩主は放伐されることになろう。

平洲及び鷹山の藩政改革がどのようなものであったか。その厳しさが知れると同時に、藩主自らが自らを戒める厳しいものであったことが分かります。

童門氏は突然に、あゆち潟の「あゆち」思想を語りだします。あゆち潟（尾張国）には、あえの風（幸福の風）が吹き込み、国を豊かにするというあゆち思想についてです。

織田信長はこの幸福の風を日本中に吹かせ、日本を幸せにしようと思ったと言います。平洲もあゆち潟のど真ん中の出身ですから、このあゆち思想を持っていたに違いないと言いますが、真偽のほどは分かりません。平洲はあゆち思想について何も書いていませんので。

しかし平洲が、尾張の国尾張藩を誇りに思っていたことは事実です。「衆の誠」を生み出している尾張藩の善政を誇りにしていたことは。先に見た通りです。本当は、赤字に苦しむ諸藩に対して、尾張藩を見習って藩政改革をしなさいと言いたかったのではないか。私にはこう思えたことがしばしばありました。

常法が正しく運用できず、大赤字を生み出している藩に対しては特に。非常の法でなければ立て直せなくなっている藩に対して。「恕と忍びざるの心」はもちろん、儒教精神が理解できずに統治を崩壊させ、搾り取ることしかできなくなっている藩に対して。

歴代藩主をはじめ藩士たちが、統治者の責任を放棄してきたから、倹約が必要になったのです。手先の器用さで赤字解消ができる赤字の額ではありません。自らの不徳を謝罪して、民の誠を引き出さなかったら、この大赤字は解消できません。赤字解消は、上の反省に下が誠の心で応えてくれなかったらできないのです。

平洲の藩主責任論は厳しいものにならざるを得なかったのです。平洲はこのことを言うために、藩主戒め論を説いたのです。

「恒産なくして恒心なし」。これは孟子の言です。恒産は豊かな生活のことです。恒心は恕や忍びざるの心、つまり仁の心のことです。この恒心は生活に余裕があって開かれるものです。藩主の倹約は民の恒産と恒心を引き出すためのもの。平洲は倹約を強い態度で迫ったのは当然です。童門氏の見解に同感です。

第三節「変わるものと変わらないもの」を見ていくことにします。

この節でも、童門氏は、藩主責任論と倹約論を展開します。童門氏はこのことを言うために、『嚶鳴館遺草』の「野芹」の部分を改めて紹介します。私も紹介しましょう。現代語訳的要約において。

倹約は藩の財政を豊かにするためにするのですが、藩主の私生活を安楽にするためにするのではありません。これでは逆効果になります。民を恵むためにするのでなければなりません。藩主の仁徳として倹約をするのですから。なぜなら民を恵むのは天と仰がれる人君のつとめですので。これは同時に御先祖様への孝行にもなります。国の発展は先祖様の願いであったはずです。

民は命令に背き好む所に従うと言われますが、藩主がこの仁徳の倹約を実践すれば、民もこの心に応えるようになります。我らを恵むために藩主が我らと同じような質素な生活をしているという仁徳を知れば、民も当然反省してくれるからです。

一国の天と仰ぎ見られている藩主が、民を不憫に思い倹約する姿を見れば、家中の士分の者とともに、民百姓も、己の過分の贅沢を反省し慎むようになります。不足を辛抱するようになり、勤労に対しても誠実になります。こうなれば、藩の大赤字もやがて克服されるでしょう。孔子先生も「恵めば出費せず」と言ったと言って、藩主を励まします。

そして、士分の役人も、藩主のこの心を知れば、下々の民に対する態度も慈悲深くなり、自己欲であたることはなくなります。こうなれば民から怨みを買うこともなくなるので、民に重き咎を課す必要もなくなります。これこそが藩主の「御仁恵」というものです。

私はこの文を読んで、平洲の統治者としての藩主に対してなぜ厳しいのか、その理由が分かりました。

藩主は、天の恵みを民にもたらす統治者としてあるのだから、民の父母として、民を導き、民に勤労の誠を発揮させるのでなければならない。なのに、それをしなかったのみならず、己の貪欲に溺れ、搾り取るだけの政治をし、民を道徳的に高めることをしなかったがゆえに、農村は崩壊し、藩の財政は大赤字となった。この大赤字の責任は藩主にある。

こうだったからこそ、平洲の藩主責任論は厳しいものになったのでした。

＊よく分かりました。よく分かった上で言えば、やはり、「藩主民の父母論」も「藩主倹約論」の思想も封建制を超えていると言えます。現代にも通じる為政者への戒めとなっていますので。

それに、藩主の倹約ですから、貧民の喰うに喰われないほどの極貧にはなりません。藩主には公的立場からの任務がありますが、これは削れません。それゆえ藩主の倹約には限度があります。私的生活部分で贅沢を省き、その倹約で浮いたお金を民の恵みにまわす。たったこれだけです。実行しようと思えばすぐ実行できる。厳しい理由が分かります。

この倹約論を平洲は「藩主仁徳論」とも言います。仁徳としての倹約ですので。仁実現を目指した倹約論ですので。

以上のように、童門氏の平洲理解を書いてきて、平洲は、本当は、藩主には、以下のような宣言をしてほしいと思っているように、私には思えました。

藩を不道徳にし、大赤字を生み出した責任は藩主たる私にある。私は反省する。そして倹約をする。なぜ倹約かと言えば、藩主の責任を自覚せず、自分の貪欲から藩経営を放漫にし、民を不道徳にさせてしまったので、その償いとして。この反省から倹約をする。浮いたお金はすべて領民の福祉に使う。

しかし、この倹約だけでは大赤字は解消できない。でも倹約をする。みなさんのみんなで幸せになろうという道徳的協力が得たいために。そのためにこの倹約を、私は徹底的にする。どうか、この藩主の思いを理解して、藩を豊かにする運動に協力してほしい。民のみなさんが「誠」を発揮して、わが藩の里を「仁の里」にしてほしい。

こう言ってほしかったと。


第四章「天から与えられた使命」を見ていくことにします。

前節の「変わるものと変わらないもの」のまとめを、童門氏はこの節でしている感じを受けます。変わらないもの、変わってはならないもの、それは天から与えられた使命としての藩主の責任という具合に。つまり、統治者として民を指導する藩主が持つべきは、仁徳による統治でなければならないという責任論です。

童門氏はこの節を、以下のように、平洲の「野芹」の文言でもって結んでいます。これも私の現代語訳的要約で紹介します。

賢君の御徳は仁道に勝るものはありません。孔子先生も、仁者は身を殺してでも仁を守り、私欲のために仁を損なってはならないと言っています。一身を殺してでも倹約の仁徳を実践すべきです。藩主の倹約は民の奢侈を戒めます。倹約は仁徳になります。「衆の誠」に応え、「仁の里」を目指して頑張るべきです。

要約と言いながら、いろいろな語を付け加えたので、要約でないように見えますが、童門氏は明らかにこのようにまとめていると思います。

第五節 「民を貴しとなす」を見ていくことにします。

藩主は民の表（国民の手本）ですので、その徳は明徳と顕徳でなければなりません。しかし、藩主と言えども、聖人として生まれてくるとは限りません。不徳の面を多々持って生まれてきたりします。その時はどうすべきか。藩主を隠したりせずに、忠慮でもって戒め、善行ができるように育てるのが忠臣の務めと平洲は言います。そして孔子先生も、周王朝八百年の基を開いた文王について、疏附・先後・奔走・禦侮の四つの心で仕える忠臣を育てることの大切さを説いて可能にしたと語ります。この四つの心は藩主の徳を高めるものばかりですが、紹介は、第四部の管仲の農民統治論の所ですることにしますので、それまでお待ちいただきたい。

さて、この節を終えるにあたって、童門氏は、平洲の仁と恕についての理解を紹介します。藩主のために金銀を積むだけでは、藩主から仁恕の心は失われてしまいます。仁とは、自分のことはほどほどにして、民を愛し懇ろに世話をすること。恕とは、民を思いやる心を持つこと。藩主には、民の父母論を自覚させ、民を人とは思わない身勝手を戒めさせるのでないといけません。民を貴しとすべし。藩主はこうあるべきです。

これが平洲の統治論です。童門氏は、平洲のこの統治論を、「恕と忍びざるの心」と理解しますが、私も全くその通りと思います。

最後の「しめくくり」を見ていくことにします。

童門氏は『嚶鳴館遺草』の思想をしめくくるにあたって、『嚶鳴館遺草』は、『大学』の修身・斉家・治国・平天下に沿って述べられていますが、この思想は、今日の日本にとってもとても大事な思想と思えると言って、修身の部分を個人の自治確立論、斉家の部分を家庭の自治確立論、治国の部分を地方（都道府県市町村）の自治確立論、平天下の部分を日本国の自治確立論として捉え、真実の自治確立のために提案していきたいと言います。私も賛成です。

しかし私は、平洲思想の一番優れている所は、統治者の責任を、仁恕の心、つまり「恕と忍びざるの心」を持つことにあるとして、徹底的に解明をし、実践した所にあると思いますので、そこの所を書いて、この節の私の理解のしめくくりとします。

統治者は己の欲のために働いてはいけません。無私の心で働き、被治者の幸せを願うのでなければなりません。なぜならこうでなければ、被治者のうちに仁恕の心の道徳心を育てることはできなくなるからです。統治者の願いは、「衆の誠」で里を「仁の里」にすることにあるべきです。民百姓の幸せは仁恕に生きることであって、ジコチュウに生きることではないことを知るべきです。

平洲のこの統治論は、私は今日も真理だし、永遠の真理と思っています。

この幕藩体制の封建制の下では、統治者は藩主でした。今日は民主主義の世の中ですから、志を持った者が選挙に勝てばなれます。そのために、選挙に勝つことに重きが置かれ、統治者の心得はどこかに吹っ飛んでいる感があります。汚職にまみれているのが現実です。

これではいけないと思います。これでは国民から道徳が消えていってしまいます。
平洲の思想を学んで日本政治を立て直そう、私は単純にこう呼びかけたい。

資料編「細井平洲の手紙と序文」に移ることにします。

この資料編は、童門氏が、平洲の人となりを知る上で大切と思える彼の手紙と序文が収録されています。

それぞれを紹介しながら、「序と忍びざるの心」の思想に関わる部分があれば、＊を付し、改めて問題にすることにします。

一、「高弟・樺島石梁への手紙」

この手紙は、平洲が六九歳の時三度目の米沢訪問の模様を記した手紙です。この訪問は弟子上杉鷹山の治世の確認でもありました。「衆の誠」が生まれ、里が「仁の里」になっているかどうかの確認です。帰宅後執筆。寛政九年（一七九七）。平洲は、米沢藩の里を褒めちぎっています。

米沢藩の里は孝悌の道徳が行き届き、孝悌が田畑を覆うがごとくになっています（孝悌が力田の風を成している)。それゆえ役人は安心をし、民を慰労するのが仕事となっています。これを見て私の供をした弟子どもは、感動して涙を流したほどでした。子育てもいき届き、どの民も子育てにいそしむという具合で、隔世の感を覚えました。江戸に帰り、このことを尾張藩主の宗睦公に申上げたら、さすが明君だな、お見事お見事と褒めつつ、私に対しても、賓師殿もさぞ嬉しかろうと喜んでいただけました。

＊私は、第一部で旧里碑に刻された文言「仁之里」に注目し、それ以来注目してきましたが、その仁の里の中味は、ここで紹介した「孝悌力田の風を成す」と同じと思います。

平洲は、郡奉行(民を取り締まる奉行で現在の警察にあたる)についても語っています。郡奉行においても、十手、早縄の用はなくなり、民心ははなはだやわらいでいますと。これも平洲にとって、仁の里の中味と思います。

＊後で、死刑や刑罰の話が出てきますが、そこで、この取り締まりとの関連で問題にします。

二、**家族への手紙**

この手紙は右記の米沢藩訪問中に出した家族あての手紙です。訪問中に執筆。寛政八年（一七九六）執筆。

この手紙には、「序と忍びざるの心」に関わることは述べられていません。

三、**上杉鷹山の書状と細井平洲の返事**

この手紙には、民への刑罰、特に死刑についての鷹山の平洲への質問と平洲の回答の模様が書かれています。寛政三年（一七九一）執筆。

私は前の＊において、後で問題にすると言っておいた取り締まりと死刑や刑罰との関連について、ここで問題にします。

まず死刑や刑罰について。平洲は一般的な考えしか持っていなかったように思えます。刑の廃止論者でもなく必要と言っていますので。火刑や磔刑についても、残虐だから、斬首の刑にした方がよいように思える程度の意見です。しかし博奕の刑に死刑は重すぎるので、減刑すべきだとは明確に主張しています。

さて、問題は、次の平洲の回答です。

もともと罪を許し、重い刑を軽い刑（減刑）にするということは、藩主の判断によるものですので、どちらでもいいですよ。

私はこの突き放したような、減刑は藩主の判断によればよいと言う言い方に、平洲の強い意志を感じます。統治者として藩主がすることは、「衆の誠」を育て、里を「仁の里」にすることです。道徳的な民を育て犯罪を犯すことのない里にすることです。

死刑や刑罰は、この過程の中での問題として考えるべきだ。厳罰は必要かもしれないけれど、減刑して教育し反省させることの方がもっと大切。減刑云々は藩主の判断において決めてよいは、この前提の上で言っているように思えます。

先に見た、取り締まり役の郡奉行において、十手・早縄は不必要になったと言っていましたが、これこそが平洲の藩政改革の目標であったはず。

しかし、鷹山は平洲に減刑の相談をしているのです。死刑も刑罰も、民取り締まりにおいてなくてはならないもの。それを減刑にしようと言うのです。大転換です。封建制の無意識的転換の主張です。これも「恕と忍びざるの心」の政治の前進の成果のように、私には思えます。

この減刑の主張の背後には、鷹山と平洲が司法について限界と矛盾を感じるようになったことがあると、私には感じられます。司法は人を裁くことはできても人を救うことはできない、この限界と矛盾です。民を道徳的にし民を救う、これが政治の目標です。少なくとも、「恕と忍びざるの心」の政治においては。

平洲も鷹山も、犯罪は起こるべくして起こるのでなく、政治の不道徳から起こるもの、こう考えているように思えます。

四、「勇」――入府（初めてのお国入り）する上杉治憲に送る序

この「序」とは、鷹山の初入府に伴う心得についての質問に、平洲が書いた回答集をまとめた文につけられた序文のことです。明和六年（一七六九）執筆。

鷹山の事の断行についての質問に対して、平洲は以下のように回答します。

藩主が事を断行するには勇気が必要です。しかしその断行は、単なる強行であってはいけません。誠を尽くしてそうするのでなければなりません。誠とは断行の必要を明確にすることです。私はこのことを望みます。よく藩主は道をつくるのが仕事だから、強行が大切と言われますが、誠があっての強行でなければなりません。諭す誠が必要です。衆の誠に応えるのが藩主の政治です。平洲は鷹山に対して、「強たりかな、矯たりとは似て非なるものな

り」と明言しています。

五、「誠」—上杉鷹山の世子・治広に送った手紙

この手紙は、平洲が、鷹山の世子・治広に対して、元服の際に書き送った藩主の心構え、誠について記した手紙です。天明二年（一七八二）に執筆。

平洲は、治広に対して、ご家来の諫めの意見は藩のため藩主のためのものですので、まず有難く思うべきで、その上で道理があれば採用するようにしようと言います。そして何よりも誠の心が大事だから、誠の心において考え実践することが肝心と言います。

最後に、その誠の心の中味について以下のように平洲はまとめます。

仁君の仕事は下々を不憫に思ってつとめることですが、その心の奥底に誠の心を持ってつとめれば、それによって、下々の中に多くの徳と多くの善行が生まれ来ること間違いなしです。「万徳万行も生じそうろう」と言っています。

この誠の心は「恕と忍びざるの心」と同じでしょう。

童門氏は、「誠」について、孟子の言を紹介します。

至誠にして動かざるものは、未だこれあらざるなり。

誠を尽くして話せば分かり合えるもの、分かり合えないということであれば、至誠は尽くされていないということになるので、もっと尽くそう。こんな意味になるでしょう。憐憫の思いやりの心で、下々の者の言に耳を傾け、仁の心で道を示していけば、衆は誠の心で応えてくれる。やはりこれが、平洲の思想の根本のようです。

以上で、資料編「細井平洲の手紙と序文」を終えます。

ここからも、読後感として言えば、平洲の思想が「恕と忍びざるの心」で溢れていることが分かります。

第四部

皆川英哉氏の細井平洲の明解口語訳「嚶鳴館遺草」の検討
―私の細井平洲論を深めるために―

この明解口語訳の『嚶鳴館遺草』については、第二部でかなり触れたので、改めて触れる必要はないように思えますが、皆川氏の書き込みがあったり、この本は原典に忠実であろうとして、貴重なものが書き留められていますし、この本は読めば読むほど味が出てくる本なので、全文を読んでみる価値はあると思いますので、紹介します。この項での@は、皆川氏の書き込みを示します。

解題（皆川氏による解題）

・嚶鳴館遺草は全六巻からなり、序文を林衡が書き、跋文を徳昌が書いている。
・この嚶鳴館遺草は、箪笥の中に眠っていた国字の遺文、つまり、米沢・尾張・西条の諸侯に応えた遺文や嚶鳴館学生に送った遺文を、西条藩士の上田雄次郎が翻刻清書して、『嚶鳴館遺草』として出版したものである。天保六年(一八三五)。
・この書は、修身斉家治国平天下について説いたもので、篤農家二宮尊徳や幕末の志士吉田松陰や明治維新の元勲西郷隆盛にも愛読された。吉田松陰はこの書を、「経世済民の書だから、読めば読むほど力量を増す」と言い、西郷隆盛は「民を治めるの道はこの一巻で足る」と断言している。

目次

巻第一　野芹(上・中・下)

@「野芹」は尾張藩九代藩主徳川宗睦に献じたもので、政治の要諦としての経済を説いている。米沢藩倹約政治の実情や鷹山の実践についても記している。二宮尊徳は平洲の野芹の巻を活用したと言われている。

巻第二　上は民の表　教学　政の大体　農官の心得

@政事とは四民(士農工商)の取扱いのこと。農民は国の本。それゆえ「農官の心得」として、百姓を取り扱う奉行代官の心得が特別に示されている。

巻第三　もりかがみ　対人之問忠　建学大意

@「もりかがみ」とは森の草木のかがみとして、人の教育を説くという意味であろう。「建学大意」は米沢藩学問所再興について、鷹山の命を受けた神保綱忠の依頼に応えて書かれたもので、君の心得、教師の心得、成員の心得が述べられ、館の名を興譲館とすべきことも示されている。文末の「ある国の云々」とある国は米沢藩のことである。

巻第四　管子牧民国字解

第巻五　つらつらぶみ（君の巻・臣の巻）

@「つらつらぶみ」とは文の書き出しに「つらつら」とある所から付けられた名であろう。折々の答書を、君へのものと臣へのものとに分けて、君の巻・臣の巻としている。君の巻の中に「最早世子にも追々御成長被成候云々」とあり、臣の巻の最初に「君侯いまだ御弱年の御事、貴公御忠誠をもって云々」とあるので、鷹山三五歳、世子治広二二歳の頃のものであろう。

幼君の正しい教導を歯に衣着せず真実をこめて語り、師の心得及び要件については条理を尽くして、愛敬と先施の必要を説いている。

巻第六　花木の花（本・末）　対某侯問書

＠「対某侯問書」は寛政一二年四月二八日、米沢藩興譲館に関して平洲が鷹山の問に応えた書簡で、教育についての意見書である。某侯とあるのは鷹山のこと。人びとの個性を生かす師の心得を説いている。

林衡の嚶鳴館遺草の序文と徳昌の嚶鳴館遺草の跋文

林衡の序文と徳昌の跋文について。ともに平洲の思想を讃え、これを後世に伝える意義を語っています。序文は「先生の教えに服行せば、日用に資すること、布帛・菽粟のごとくなり」と言い、跋文は「先生の教えは隻字と言えども拱璧なり」と言っています。

普通には、林衡の序文と徳昌の跋文を除いた形の嚶鳴館遺草が全文ですが、この本は初版の天保版に則っていますので、右に示した林衡の序文と徳昌の跋文が掲載されています。この他にも、平洲が第三回目の米沢訪問記を高弟・樺島石梁に手紙として寄せていますが、それが「与樺世儀手簡」として付録として付けられています。以下に示すのは、その手簡掲載のためのやりとりです。

樺島石梁書の平洲の米沢紀行についての序文

樺島石梁が私（上田雄次郎）の所へ、「私の手許には、先生から私への手紙として米沢藩訪問記が残されています。事情詳述にして、厳然たる一編の米沢紀行となっているので、謹装して子孫にこれを残してほしい」と言って、「序文」が届けられたのだった。

樺島石梁書の先師平洲先生の国牘の跋文

後日、私（上田雄次郎）の所へ、再び樺島石梁から手紙があって、「跋文」とともに、平洲先生書の「与樺世儀手簡」を書き写して久留米より届けられた。そこで、先の「序文」も含めて、ここに付録として載せることにしたと言います。樺島はこの跋文の中で、「一巻の国牘を執って之を読めば、一字一涙、人をして慨焉せしむ」と書いています。

皆川氏の解説

この手紙には、米沢藩の再興した様子が書かれているだけでなく、毎日の歓待、諸子との語らい、講義等とともに、鷹山の師恩に対する厚い感謝の気持ちが書かれています。そして、この鷹山の師恩に対する厚い感謝の気持ちが、後年、普聞院境内に「一字一涙之碑」を建てさせる根拠になったと言います。
米沢藩の再興の様子については、私（久田）が補足します。平洲が米沢に至る前の宿々に、人びとが米沢聖君様の御師匠様と言って私（平洲）に会いに来るのを見て、私は米沢侯の徳が隣国にまで及んでいるのを知るのだったとこの手紙に書いています。米沢藩再興の様子については、これで十分でしょう。

以下から、嚶鳴館遺草の本文がはじまります。
すでに嚶鳴館遺草については、多く紹介してきたのでダブりますが、敢えて紹介することにします。まだまだ何かが出てきそうな気がしますので。例によって、「恕と忍びざるの心」に関わるものや、特に大切に思えるものについては、＊を付けて紹介します。

口語訳　嚶鳴館遺草巻第一

野芹　序

私は野芹のようなもので、身分の低い者であるけれど、誠の心でこれを書きます。

大意

藩財政改革の倹約については御役人がすることで、私が推量して言うことではありませんが、しかし、何事にも道理が必要ですので、倹約の道理についてだけ、私はここで述べることにします。

野芹　上

根本三個条（藩政改革の三個条）

国の財は土地と民力によってしか生じません。だから、財政は入るを量りて出るを制する以外に方法はありません。これを「常法」と言います。しかし、財政不足になったら倹約して財政不足を補わなければなりません。だから「倹約」を「非常の法」と言います。しかしこの倹約は、下に強いるのでなく、藩主が率先してするのでなければなりません。藩主は、民の天として大切に奉養されていますが、この奉養を格別に省くのが倹約です。

なぜでしょうか。

藩主が民の天と頂かれるからには天の御徳を持つのでなければなりません。天の御徳とは、天は民を恵みますが、その天が持つ恵みのことです。民の父母を自覚し、民に恵みをもたらすのが藩主です。父母は子どもをいとおしく思うもの。民をいとおしく思うのが藩主です。奉養を省かれ、民と困難を分かち合い、その上で藩政改革をする。これが出発点となるのでなければなりません。

一国の政治は、下の心が上に和してこそうまくいくもの。和せざる所ではうまくいきません。民と労苦を分かち合う中で、民に仁の心を起こさせる、これが肝心です。それゆえこの倹約は、藩主の仁徳としてなされるのでなければなりません。

＊童門氏は、この藩主の仁徳を「恕と忍びざるの心」と概括しますが、賛成です。民に仁の心を起こさせる。素晴らしい論ですね。

野芹　中

枝葉四個条（藩士リストラの四個条）

藩主の御心が藩政改革の根本です。倹約は藩主の安楽のためでなく、藩財政を立て直し、民を豊かにするためにすると明示して、実践することです。この実践が民に知れた時、民は変わります。自らの奢りを反省するようになり、倹約するようになるからです。また藩士も、藩主のこの心を知って、民への取り締まりを慈悲の心を第一として、貪欲を戒めるようになれば、その効果は一層輝くようになります。藩士教育が大きな比重をしめることは明らかです。

しかしこれ以降、藩士教育のことは書かれなくなり、藩士リストラ論が書かれていきます。リストラは必要でしょうが、惹かれる所がなかったので、紹介は省きます。

野芹　下

花実五個条（倹約の五個条）

倹約の国は、花は少ないけれど実を多くつける。そうでない国は、花は咲けども実をつけない。賢明な藩主はこの道理を正しく理解するのでなければなりません。

文武両道を盛んにして、藩士に、倹約の精神を高める必要があります。文道で孝悌忠信、仁義礼譲を学べば、道理に通じるようになり、武道で質素敦朴、篤実廉恥の気風を身につければ、自らの成長を目指し、奢侈に溺れなくなります。倹約の実践には藩士の教育は避けて通れません。

藩主の倹約（仁徳）は、一朝一夕には民百姓には伝わらないけれど、一度理解したら、民百姓は、藩主の仁徳に応えてくれるものです。
　＊民は藩主の仁徳に応えてくれる。大切な思想です。
孔子先生も孟子先生も以下のように言っています。

・令聞広誉施於身、所以不願人之文繡也（孟子）。令聞広誉を大切と思えば、他人の文繡など願わなくなるものです。倹約は仁徳の元。藩主の願いは末代まで語られる賢君となること。ぶれることなく倹約して仁徳を実践しましょう。

・志士仁人、無求生以害仁、有殺身以成仁（孔子）。志士にして仁の人は、生を求めて仁を害することなく、身を殺しても仁を成すものです。頑張りましょう。

口語訳　嚶鳴館遺草巻第二

上は民の表（藩士の第一のつとめ）

藩主は民の表です。それゆえ藩士のつとめは、藩主の徳を明徳・顕徳にして恥じないものにすることです。藩主は聖人として生まれて来るとは限りません。少しの善でも誉め、不善を諫めるべきです。疏附・先後・奔走・禦侮の精神で。仁実践をさせるために。これをしなければ、藩士の尸位素餐（ごくつぶし）の評価は避けられないでしょう。しかしこのようにしても、藩主が暗愚で善行をしようとしなければ、もうお手上げです。こういうことですので、藩主に学問を積ませること、これが肝心となります。古代聖王の遺訓を学ばせ、藩主の君徳はどうあるべきかを学ばせるべきです。それゆえ、藩主には学問を、これが藩士の第一のつとめとなります。

教学（仁は仁を生む）

学校を建て、古代聖王の遺訓を身に修め、人を治め天下国家を安定させる道を学ぶことは、藩政にとってとても大切なことです。その卒業者に奉行頭の官職を与え、下民を導き、裁き治める役人にする。耳学問でなく古代聖王の思想をきちんと学ばせる中で。これこそが、民に善を教え、罰に陥らぬようにさせる道です。「暁諭」とも言います。孔子先生は以下のように言っています。

・君子学道愛人、小人学道易使。人の上に立つ為政者が道を学び人を愛するようになれば、下にいて導かれる人も道を学ぶので、道理が分かり使いやすくなると。

＊これこそが、民が、藩主の仁に仁で応える中味となるものです。

政の大体（政の要）

政治の目的は民を豊かに幸せにすることですが、その精神は、君子恵めども費やせず（君子恵而不費）においてすべきです。恵むだけだと費はどれだけあっても足らなくなります。それゆえ、政治の要は、人材を育てることにある（為政在於得人）と心得るべきです。そのためには藩士を奉行役人として成長させる必要があります。聖賢の学を学ばせ、貪欲の心を押さえた仁の役人にすることです。不忠不孝・無礼無義の藩士は役職を解き、断固たる態度を示すべきです。この上で民を取り締まるようにすべきです。民の中に善の風を起こし、悪を戒める統治を実現するために。

賞罰を正しく行ない、民の中に助け合いの風潮を促すことが肝心です。同時に、倹約を進め民を豊かにすることも肝心です。苛酷はもちろん厳禁。生活に余裕がなくなると、どうしても人間は薄情になるものですので。

＊私は以前に西阿野村の横須賀代官からの「御触留」を読んでいて、代官が、地方役人たちが野荒らし・盗みを取り締まってほしいと言うのに対して、野荒らし・盗みは生活に困ってするもの、お前たち有力百姓が援助して、野荒らし・盗みはするなと言ったらすぐに納まると言って、貧者を助けることの大切さを説いているのを読み、代官は悪代官がおきまりなのに、この代官は善代官なんだと思っていましたが、この教えが平洲に由来することを知り、納得です。私の「知多の哲学者シリーズ」⑥『櫻井敬徳の思想的土壌としての西阿野村慶応二年の〈御触留〉読解』参照。なお、この本の末尾に付録として、その全文を載せることにします。

農官の心得（代官の仕事）

農民は、衣食という人の生命を育てる大切な働きをする人びとです。それゆえ農官は、その農民を取り締まる大切な役職なのです。

農官は権威を振り回し、悪事があったら仕置きをする役職と思っている向きは多いが、それは間違いです。農民を仁愛の心で指導し、生命の根を堅くする役職が農官です。仁愛の心こそ人びとを仁愛にします。仁の心を育むのが農官の仕事です。不義非道で指図せず、慈悲柔和で人の道（仁）を説くのが農官です。農官を代官と言うのは、藩主に変わって仁の道を説くのが農官だからです。「忠良の臣」と言われたり、「藩の至宝」と言われるように頑張るのでないといけません。

口語訳　嚶鳴館遺草巻第三

もりかがみ（守るべき藩主教育論について）

草木に成長があるように人にも成長があります。教育はその成長に応じてなされるべきです。無理強いもいけないし、放置もいけません。人の道（仁）の教育も成長に応じてすべきです。

藩主教育もこの原則からはずれてはいけません。無位素賤の民の子は、小さい頃から、是非の道理は分からないままに、親や周りの者から注意され、畏敬の念を持たされますが、藩主はそういう注意は受けません。周りは家来ばかりですので。これでは畏敬尊崇の気持ちは育たず、暗愚暴戻の藩主になる恐れ大となります。これではまずい。教育を受けさせねばいけません。孔子先生は、教育有れば類なし（有教無類）と言っています。では、その教育は。教師と年長者を尊敬させることから始めるべきです。野放図を戒めるのが教育ですから。人の道を教師や年長者から学ばせるのが教育です。

そして、教師は師伝として大切にすることです。古代聖王の思想を伝えてくれる人ですので。藩政は藩主の民の父母という自覚からなされるもの、この藩主を育てるのが教師です。それゆえ教師の選択は厳選であるべきです。仁厚にして博学の人を選ぶべきです。暁諭できる人でなければなりません。藩主の逸脱を許さない人であるべきです。それから近習の厳選も大切です。近習の中に教師を軽んずる者がいたら、古代聖王の仁の心は伝わらなくなります。藩主を育てともに藩政を善くしようと思う若者を選ぶべきです。

この後は、藩主と世子の親子関係が、不孝や驕傲や吝嗇の関係にならないための心得が述べられていきますが、詳述は省略します。ただ親子でも仁恕の心を失わない心がけが大切と述べられていますが、これについては紹介します。藩主は世子といつも一緒にいることはできません。それゆえ会う時は、いつもこの心がけを忘れず、世子を懇ろに世話することが肝心と言います。親だから、藩主だからと言って、身勝手な態度を取らないようにと戒めています。

対人之問忠（忠臣とはどういう臣のことか）

忠臣とは忠不忠を知り、我一人が忠臣になるのでなく、我も人も不忠者にならぬように心がける人こそ忠臣です。一功が他者の功を損なえば不忠です。自己一人の手柄でなく、万人のつとめを助け励ますこと、これが大忠です。孔子先生は礼譲が第一と言っています。礼譲とは、己の立場で謙虚につとめることです。管仲も礼義廉恥の実践が忠の実践と言っています。礼は節を超えることなく、義は自らの手柄を強調せず、廉は間違いを隠さず、恥は邪な考えに同調しない態度のことです。

＊孔子の礼譲も、管仲の礼義廉恥も封建道徳ですが、俺が俺がのジコチュウを育てていては天下国家はうまくいきません。この礼譲、礼義廉恥の思想をどう発展させていくか、今日でも大きな課題と私は考えています。

建学大意（藩校再興の大きな意味）

君相三個条（藩主・藩を支える士大夫の役割三個条）

安上利民とは、上が私欲に走らず下の民を利する思想のことです。古典も、王者は王者の自覚を持って、民を利する徳において、民を統治するのでないといけないと言っています。藩主及び藩のなすことは、この徳を大切にすることです。この徳を持たずジコチュウであれば、藩は滅びます。民を憐れむ仁心が大切です。仁心があってはじめて民は承順してくれます。民を怨憤させてはいけません。それゆえ、私はジコチュウを戒める遜譲を一番大切な徳と思い、学校を興譲館と名づけました。徳を修め、悪徳を除く場としての学校です。

＊これを読んで、平洲の興譲館の譲が、ジコチュウを戒める意味だということが分かりました。前に、私は譲の意味に拘って興譲館を理解していましたが、こういうことだったのです。ジコチュウは私の好きな語で、平洲の語で言えば「我意我執」にあたります。

分領・侍組は士大夫と言って高い身分です。元服すれば、藩政を取り仕切る役職に就きます。この人たちが学校で学ばず、遜譲の心を養わなかったら、政治は身勝手な場となります。士大夫は学校で学び、遜譲の心で政治をするのでなければなりません。士大夫は藩政を支える大切な役職です。炊飯でたとえれば釜にあたります。藩政の要です。これを自覚し、学校を大切にするのでなければなりません。自らも学び、子弟を学ばせるべきです。

師長二個条（教師が持つべき二個条）

教師とは人を教える人のことです。そして人を教えるとは、能不能を見極め、すべての人に孝悌忠臣と仁義遜譲の精神を学ばせることです。それゆえ子弟に厳しくするのは当然ですが、怠慢にさせないということが肝心で、鞭打つことではありません。更に藩校に入学させるということは、単に学ばせるだけでなく、将来の職掌にふさわしい人間に育てるということが含まれます。職掌に差はあっても、「上に奉じ下に臨む」の精神を育むのが教師の仕事です。

生員一個条（学生の心得一個条）

学生は命を受けて入学するゆえ、特別の奉公はない。教師の指導を受けて書典を読み、徳芸を磨くのが学生の本分です。

口語訳　嚶鳴館遺草巻第四

菅子牧民国字解（管仲の農民統治論）

管仲は中国春秋時代の人で、桓公の執政官。その管仲が残した農民統治論です。この統治論は、諸藩の藩政改革に役立つと思うので、紹介します。以上は平洲の言です。

「国字解」とは、原文はもちろん漢文ですが、これを国字（日本語）に直して紹介するという意味のようです。

＊私はこの『嚶鳴館遺草巻第四』を読む中で、平洲の要の思想、「農民統治論」の由来が理解できました。管仲の農政論に由来することが。つまり、農政をきちんとやっていくことが国を豊かにしていく土台だという思想を、平洲は管仲から学んだということを。

平洲は管仲の思想を全文紹介しながら解説を加えています。

しかし管仲の思想には、忠恕の思想も藩主民の父母論の思想もありません。これは平洲の独創性ですが、管仲の農政論の上に開花させていることが分かります。

この開花については、「おわりに」で述べますが、まずこの管仲の農政論を正しく味わってもらいたい。こんな思いで私（久田）は紹介していくことにします。

牧民

牧は養うと訓じ、牛飼いが牛を養うように君主が民を養う（育む）ことを指して、管仲はこう言っています。

＊牧民とは人間を牛扱いにしたひどい言い方です。蔑視感が見られます。しかし封建時代のこと。我慢しましょう。

凡有地牧民者、務在四時、守在倉廩

国を治め民を牧する統治者の務めは、民を春夏秋冬において指導し、倉廩を守り、民を飢えないようにすることだと管仲は言います。

＊民を飢えないようにする。大切な思想です。

国多財則遠者来、地辟挙、則民留処

国に財が多くあって民が豊かであれば、遠くからも人が集まり、荒れ地も開墾され、民はその国に多く住みつくようになると、管仲は言います。

倉廩実、則知礼節、衣食足、則知栄辱

倉廩が満ちれば人は礼節を心がけるようになり、衣食が足れば栄辱を弁えるようになると、管仲は言います。なぜこう言えるのか。人は万物の霊長であるので、だれもが善を好み悪を憎む。それゆえ、「民を教育し、民が豊かになる政治をすれば、民は上を信頼し、自らの立場を自覚して、上に応えようとするので」、これが理由です。しかし倉廩が乏しくなれば、それはできなくなる。権威でもって押しつけるばかりとなれば、下は上を欺くようになり、貪欲非道が生み出されます。倉廩を豊かにして民を善に導くこと、これが統治論の要です。正しい掟において民を律儀にするのが統治論の要です。

＊右でかっこして示した、「民を教育し、云々」は平洲の挿入です。原意は、〈民を豊かにすれば、民は上に従うものだから〉。これが理由ですので。これは管仲と平洲の差です。「おわりに」で問題にします。

上服度、則六親固、四維張、則君令行

上が度に服すれば、民の六親は固くなり、かつ四維を張れば君令は行き届くようになると、管仲は言います。六親とは親子・兄弟・夫婦のこと、度とはよい政治をすること。上がこの度を大切にし、かつ礼義廉恥で民を導けば、君令は民に届くようになると言います。当然でしょう。上が度を忘れれば、礼義廉恥はおろそかになります。君令が行き届かなくなるのは当然ですので。四維の詳述についてはもう少しお待ちを。

故省刑之要、在禁文巧、守国之度、在飾四維

統治の目標は、民を罰するのでなく民が罪を犯さないようにすることですが、そのために、管仲は、刑を省くの要は、文巧（ウソつき）を禁じ、国の要の礼義廉恥の四維を固めることが大事と言います。

順民之経、在明鬼神、祇山川、敬宗廟、恭祖舊

政治は万民を上に従順にすることが目標だから、これを徹底するのでなければならないと言います。そうでなければ、どんな善政も実行できなくなるので。しかし取り締まるだけではいけません。民を納得させるものでなければ。そのためには、上は恵みをもたらす天地山川の神霊を敬うと同時に、安寧をもたらした父祖宗廟の努力を讃えることが大切と言います。法に従うことの大切さを民に理解させるために。このことを管仲は、民を順にする道は、鬼神のあるを明らかにし、山川に感謝し、宗廟を開いた父祖の努力に感謝し、その教えを大切にすることにあると言います。

不務天時、則財不生、不務地利、則倉廩不盈。野蕪曠、則民乃菅

天地は恵みをもたらしますが、人がそれを上手に利用しないと豊かな実りを得ることはできません。管仲はこのことを、天の時に務めなければ財は生せず、地の利を生かさなければ倉廩を満たすことはできない。野が蕪曠になれば民は青びょうたんになるばかりと言っています。

上無量、則民乃妄、文巧不禁、則民乃淫。不璋両原、則刑乃繁

国を治める上で一番大切なことは法度を立てることで、これがないと民は乱れ身勝手になってしまいます。これではいけない。管仲は次のように言います。上に量がなければ民は乱れ、文巧を禁じざれば民は淫らになる。それゆえ妄と淫の二つの悪を防ぐことをしないと、刑による取り締まりばかりになってしまうと。

不明鬼神、則陋民不悟、不祇山川、則威令不聞、不敬宗廟、則民乃上校、不恭祖舊、則孝悌不備。四維不張、国乃滅亡。

前の繰り返しですが、ここの方が詳しく書かれています。鬼神を明らかにして祀らないと陋の民はその意味を悟ることはできません。恵みをもたらす山川の霊を祀らなければその威令は民に届きません。今日の安定をもたらした宗廟を敬さなかったら民は上に抗するようになります。祖旧の教えを大切にしなかったら、民に孝悌の道徳を育むことはできません。こんな風では、四維は張ることはできなくなり、国は滅びてしまうと管仲は言います。

国有四維、一維絶則傾、二維絶則危、三維絶則覆、四維絶則滅。傾可正也、危可安也、覆可起也、滅不可復錯滅。

国には国を支える四つの道徳があって、一つ切れると国は傾き、二つ切れると国は危うくなり、三つ切れると国は転覆し、四つ切れると国は滅びる。傾いただけなら正すこともでき、危うくなっただけなら安定させることもでき、転覆しただけなら起こすこともできるが、滅してしまってはもうお手上げだと管仲は言います。四維については次で詳述。

何謂四維、一曰礼、二曰義、三曰廉、四曰恥。礼不踰節、義不自進、廉不蔽悪、恥不従枉。

四維とは何を言うか。一に礼、二に義、三に廉、四に恥の道徳を、民に守らせることだと言います。つまり民に、礼において節を超えさせない、義において身勝手をさせない、廉において隠しごとをさせない、恥において枉ごとに従わせないことが、国の統治の基本だと管仲は言います。封建道徳そのものですが、管仲は、民を民のポジションで誠実に働かせることが、統治の基本と説いているのです。

＊平洲は、これを受け、このポジションをそれぞれのポジションと拡大解釈をして、藩主は民の父母を自覚し、士大夫は藩主がそれができるように補弼し、農官として

の藩士は藩主の心で民を導き、民百姓はその心に応え、誠を実践するのでなければ、国はよくならないと説いていきますが、これは平洲の統治論になっています。この統治論においても、平洲が管仲を超えていることが分かります。「おわりに」参照。

この件は更に次で詳論されていきます。

故不踰節、則上位安、不自進、則民無巧詐、不蔽悪、則行自全、不従枉、則邪事不生。

礼において置かれたポジションに満足すれば、民が下から上を押しのける動きを慎むので、まず上は安心しておることができます。そして、義で身勝手を慎むようになれば、民からずる賢さが消え、廉において悪を隠さなくなれば、民の中に正直の心が生まれ、恥において枉れることに従わなくなれば、民のうちに、邪なことが生じなくなります。しかし、いかに封建時代とは言え、これはひどい道徳と思われた人もあるでしょうが、次を言うための布石のように、私には思えます。

政之所興、在順民心、政之所廃、在逆民心。

「政治が成立する所には民心に従う心があり、政治が廃る所には民心を逆なでする心がある」、これは管仲の言ですが、これと前の四維はどう関連するのでしょうか。管仲は民心に従う所に政治は成立すると言っています。つまり民が幸せになれるように道理ある政治を行なえば、民の中に四維の心が生まれ、わが藩主、わが人君と言われるようになって政治は成立する、こう言いたいのだと思います。逆に民心をねじ伏せ、力ずくで押さえようとする所には政治は成立しないと言います。反乱が起きたりするからでしょう。

＊以上で管仲の四維の説明は終わっています。私は前で四維の説明について「もう少しお待ちを」と言ってきましたが、これが私の説明でもあります。了解をお願いします。管仲は明言をしてないけれど、民に四維の心を起こさせるのが真実の政治と言っているように私には聞こえます。これを踏まえて平洲は忠恕の心の統治論を説き、童門氏はこの平洲の統治論を「恕と忍びざるの心」と概括したのだと思います。「おわりに」参照。

民悪憂労、我佚楽之、民悪貧賤、我富貴之、民悪危墜、我存安之、民悪絶滅、我生育之。

前で述べたように、民は、幸せと道理ある政治を望んでいるのだから、人君と士大夫は仁という徳を目標に政治を行なうのでなければいけません。身勝手な命令でなく、民が幸せになるための忠恕の心からの命令であるべきです。忠恕の心は仁の本。民を心から思いやる心が忠恕です。民の幸せを民とともに築いていく、これが政治です。

管仲はこの政治姿勢を以下のように表現します。

民は憂労を悪むので、私は民を佚楽にさせようと思います。民は貧賤を悪むので、私は民を富貴にしようと思います。民は危墜を悪むので、私は民を存安にしようと思います。民は絶滅を悪むので、私は民の生育を保障しようと思いますと。

＊ここでの「忠恕の心」は平洲の挿入です。しかし管仲の「民の生育の保障」という思想はとても大切です。平洲を感動させたと思います。

能佚楽之、則民為之憂労、能富貴之、則民為之貧賤、能存安之、則民為之危墜、能生育之、則民為之絶滅。

民はみんな知っているのです。佚楽しようと思えば憂労を嫌ってはいけないということを。富貴になろうと思えば貧賤の生活を避けてはならないということを。生活を安定させようと思えば危墜を恐れてはいけないということを、子孫の繁栄を願うなら絶滅を克服努力するのでなければならないということを。このことを管仲は以下のように言っています。

佚楽になろうと言ったら、民は憂労の大切さを知るようになり、富貴になろうと言ったら、民は貧賤の生活をするようになり、存安になろうと言ったら、民は危墜に備えるようになり、子孫繁栄を願おうと言ったら、民は絶滅に備えるようになったと。

故刑罰不足以畏其意、殺戮不足以服其心。

こういうことだから、道理のない刑罰や殺戮でもって民を押さえつけようとしてもそれは駄目。私が先に言ったように、心から守ろうと思うようにならないからです。管仲は言います。

それゆえ、刑罰だけではその意を畏れせしむるには至らない。殺戮だけではその心を服せしむるには至らないと。

故刑罰繁而意不恐、則令不行矣。殺戮衆而不服、則上位危矣。

その結果どうなるか。管仲は以下のように言います。

それゆえ、刑罰が多く行なわれても、民が畏れなくなれば令は民に届かなくなります。そこで殺人の重刑などを増やせば、更に民は服さなくなります。これでは上位は安泰でいられなくなりますね。

故従其四欲、則遠者自親、行其四悪、則近者叛之。

そうだから、政治は民が欲する佚楽・富貴・存安・生育を実践すべきです。こうすれば遠くの者も寄ってきます。逆に民が嫌う憂労・貧賤・危墜・絶滅を強いれば、近くの者も背くようになります。

故知与之為取者、政之寶也。

こうであるので、与えるがこれを取ることになるを知ること、これこそが政治の宝（極意）となります。この言も民を馬鹿にしたように聞こえますが、みんなで幸せになろうという慈愛の心で、民を導こうと言っているのです。

＊「慈愛の心で民を導こう」はもちろん平洲の挿入ですが、平洲がこの「政治の宝」という言に感動していることが分かります。

錯国於不傾地、積於不涸之倉、蔵於不竭之府、下令於流水之原、使民於不争之官、明必死之路、開必得之門、不為不可成、不求不可得、不処不可久、不行不可復、

この項の一一の項目については、以下で詳しく説明されますので、それが分かる形での現代語訳に留めます。

統治者の願いは、国を傾かないようにするとか、倉を涸れないようにしたいとか、金銀を尽きない府に収めるとか、令を流水のように民に下したいとか、民を不争の官として使用したいとか、必ず死の路のあるを明らかにして悪をさせないとか、善事をすれば必ず得の門が開けるという確信を持たせるようにしたいとか、やることのできないことはしないとか、得ることのできないことは求めないとか、久しく続けられない者を官職に就けないとか、二度とできないことはしないとか、いろいろあるけれど、これらの実現を具体的に考えていくのが政治と管仲は言います。

錯国於不傾地者、授有徳也。

国を傾かないようにする極意は、徳ある人を採用して政治をさせることです。徳ある人とは仁心のある人のことです。地位を誇らず、一身の安楽を考えないで、君のため民のため国のために働いてくれる人のことです。民の支持が得られる政治をすれば国は傾きませんので。

積於不涸之倉者、務五穀也。

倉が涸れないようにする極意は、五穀の収穫に務めることです。五穀の収穫は民百姓の仕事。しかし働けと命令するだけではいけません。働けるように工夫することも統治者の仕事です。

蔵於不竭之府者、養桑麻育六畜也。

金銀を尽きない府に収める極意は、桑や麻を育て、六畜（牛馬羊豚鶏犬）を飼い、衣食を補うことです。これも民百姓の仕事です。民を大事にしなければならない理由はここにもあります。

下令於流水之原者、令順民心也。

令を流水のように民に流す極意は、令を民心に則って発することです。すでに何度も書きましたが、令は民の幸せを願って発するものゆえ、道理をもって説き知らせることが大切ですと平洲は付言します。

使民於不争之官者、使各為其所長也。

民を争わせないで官として使用する極意は、それぞれが持つ長所を生かすように仕事をさせることです。人は競争をしたがるものですが、得手を捨てて不得手で徒労を好む人はいませんので。

明必死之路者、厳刑罰也。

必ず死の路のあるを明らかにして悪をさせない極意は、刑罰を厳かにすることにつきます。刑罰に依怙贔屓があってはもちろんいけません。

開必得之門者、信慶賞也。

善事をすれば必ず得の門が開けるという確信を持たせる極意は、慶賞を信じられるものにするということです。依怙贔屓があってはいけません。

不為不可成者、量民力也。

やることのできないことはしないの極意は、民力を量ってすべきということです。民力を考えずに、やりたいからやるというのでは、うまくいかないのは当然です。

不求不可得者、不強民以其所悪也。

得ることのできないことは求めないの真意は、民にその悪む所を強制しないということです。これにつきます。

＊平洲はこれを受けて、統治者は民と孝悌忠信の教えで結び、思いやりの指導において頑張る関係をつくっていくのでなければならないと言いますが、ここでも平洲の感動を感じます。

不処不可久者、不偸取一世也。

久しく続けられない者を官職に就けないの極意は、かりそめにも一時の功だけで採用しないということです。これにつきます。官職に就けたが、その働きができないでは困ってしまいます。しっかりした人であるかどうかを見届けてから就けるべきです。

不行不可復者、不欺其民也。

二度とできないことはしないの真意は、民を欺かないための戒めです。やると言ってしなかったら民をだましたことになります。信頼はなくなります。統治は成り立たなくなります。

管仲は、以上の思想を以下のようにまとめ、結論へと進みます。

故授有徳、則国安、務五穀、則食足、養桑麻育六畜、則民富、令順民心、則威令行、使民各為其所長、則用備、厳刑罰、則民遠邪、信慶賞、則民軽難、量民力、則事無不成、不彊民以其所悪、則詐偽不生、不偸取一世、則民無怨心、不欺民、則下親其上。

以上をまとめて言えば、以下のようになります。

徳ある人に政治を任せれば国は安泰します。五穀に務めれば食は不足しません。桑と麻を育て六畜を飼えば民は豊かになります。令を民心に応えるものにすれば令は大切なものとして受け入れられます。民を使うに各々の長所を生かす形で使えばうまくいきます。刑罰を道理に合った形ですれば民は邪にはなりません。慶賞（恩賞）を約束通りすれば民は苦難を苦難としなくなります。民力を考慮してやればやれないことはなくなります。民の厭がることを強制しなければ民は上に偽ることはなくなります。依怙贔屓がなくなれば民から怨みの心はなくなります。民を欺かなければ民は上を信頼してくれます。

＊「**不偸取一世**」について。この項と前々項では現代語訳が異なっています。文脈から考えて、このように訳し分けをしました。

さて、管仲はどのように結論させていくのでしょうか。

以家為郷、郷不可為也。以郷為国、国不可為也。以国為天下、天下不可為也。

自分の家を考えて郷づくりをすれば郷づくりはうまくいきません。自分の郷を考えて国づくりをすれば国づくりはうまくいきません。自分の国を考えて天下づくりをすれば天下づくりはうまくいきません。どうしたらいいのか。

以家家郷、以郷為郷、以国為国、以天下為天下。

自分の家と考えて家づくりをし、自分の郷と考えて郷づくりをし、自分の国と考えて国づくりをし、自分の住む天下と考えて天下づくりをする。こうすればうまくいきます。

毋曰不同生、遠者不聴。毋曰不同郷、遠者不行。毋曰不同国、遠者不従。如地如天、何私何親。如月如日、唯君之節。

それゆえ、統治者はどんなことがあっても、以下のことを言ってはいけません。どんなに深い意味があってもです。

「生を同じゅうせず」とか、「郷を同じゅうせず」とか、「国を同じゅうせず」とかです。

こう言われると、遠くの者にはその真意は聞き取られないことが生じ、その結果、君に応える実践は行なわれなくなったり、従われなくなったりします。それゆえ「天地の如くに同じゅうす」でなければなりません。何を私にして何を公（親）にすべきか、日々考えて、君として統治に励むべきです。

御民之轡、在上之所貴。道民之門、在上之所先。召民之路、在上之所好悪。

民を統治する仕方（轡・人間は馬ではないぞと言いたいが、この時代は封建時代、辛抱しましょう）は、上の貴さ（仁心の深さ・平洲の挿入）にかかっています。そして民を導く上で大切なことは上が先ずやって見せることです。もっと大事なことは、民を採用する時の心構えです。このような上の好悪の心で実践できる人であるべきです。

故君求之、則臣得之。君嗜之、則臣食之。君好之、則臣服之。君悪之、則臣匿之。

このような統治がなされていけば、君がこれを求めれば臣もこれを求めるようになり、君がこれを嗜めば臣もこれを食うようになり、君がこれを好めば臣はこれに服するようになり、君がこれを悪めば臣はこれをしまうようになります。

毋蔽汝悪、毋異汝度、賢者将不汝助。言室満室、言堂満堂、是謂聖者。

統治とはこういうもので、君の心が民の心となるものですから、君に悪い所があっても隠すというわけにはいきません。君に落度があっても誤魔化して言うわけにはいきません。これについては賢者も君を助けることはできません。君の言は室で言えば室に満ち、堂で言えば堂に満ちるもの。君が聖者でなければならない理由はここにあります。

しかし君が聖者でない場合には。

城郭溝渠、不足以固守、兵甲彊力、不足以応敵、博地多財、不足以有衆。惟有道者、能備患於未形也。故禍不萌。

これでは、城郭や溝渠が堅固であっても国を守るには不足です。兵力が強力であっても敵を迎え撃つには不足です。土地が広く多財であっても衆を集めるには不足です。道を弁えた人の政治こそが、この患を未形において備えることができるのです。災いが萌す前に処置するからです。

天下不患無臣、患無君以使之、天下不患無財、患無人以分之。

それゆえ、天下は有徳の臣のないことを患うのではなく、君が有徳の人を採用しないことを患うのです。天下は財のないことを患うのではなく、人がこれを上手に使い分けをしないことを患うのです。

故知時者、可立以為長、無私者、可置以為政、審於時而察於用、而能備官者、可奉以為君也。

それゆえ、時局を知る者を立てて長とすべきです。私心のない者を置いて政治をさせるべきです。士大夫は、時局を考え必要を考え、官の能力を備えた者を君のために進言するのでなければなりません。

緩者後於事、吝於財者、失所親、信小人者失士。

判断の緩きは事におくれます。財をけちるは親交の場を失います。小人を信じるは士を失います。士大夫の戒めとしてください。

＊君主が聖者でない場合、有徳の人を採用して統治を任せるべし。これが結論のようです。

以上で、「菅氏牧民国字解」の紹介を終えます。

読後感として言えば、管仲の基本テーゼを平洲が解説するという形になっていますので、どこまでが管仲の理論で、どこからが平洲の理論かの判別は困難です。それゆえ管仲・平洲一体論のように読めますが、よく読むと違いが分かります。管仲には藩主仁徳論はありません。民を富ませて統治しようという思想はあっても。

それゆえ、平洲の藩政改革論は、管仲の統治論を下敷きにして主張されていることは明らかですが、しかし、孔孟の思想で豊かに陶冶されて主張されていると言えます。端的に言えば、管仲の原文には忠恕の文言は出てきませんが、平洲の思想には忠恕の文言が溢れています。この違いは、平洲の思想を述べる上で、とても大切と思います。紹介の途中に＊を付して注意を喚起したのはそのためです。

口語訳　嚶鳴館遺草巻第五

この巻は、鷹山及び藩士からの質問に対する平洲の回答集になっています。・は質問、＋は回答として区別して表記します。

つらつらぶみ

君の巻

・高位貴人に知慮通明にして徳好優美の人はまれで、無位素賤の士から知識に優れ徳行の尊ばれる人が不断に出る理由は何かと問われました。お答えします。

十まず、藩主の身でこのことに気づかれたことに敬意を表します。学問をされているから気づかれたわけで、ご立派です。

人間は教えられて人間になるものです。どんな身分の人も。教えられなかったら人間にはなれません。賤民の場合、幼時より悪いことをすれば戒められます。仕事も覚えさせられます。つまり生きていくための安危存亡の道理を教えられます。こういう中で福徳厚く生まれた人が学問に目覚め修行していくから、徳行の人が生まれてくるのです。これに対して、この安楽の時代の藩主には戒めと教えがありません。家臣からかしずかれてばかりいますので。それに家臣も藩主にかしずくことで汲々しています。これでは、高位貴人から徳行の人は生まれようがありません。しかし、乱世の時代はこうではありませんでした。家来眷属を大切にして、みんなで幸せになる国づくりを目指しました。これがその道理の思想を育みました。今日の平和はその中で築かれたのでした。東照宮様もそうでした。このことが忘れられているからこうなったのです。古典には、この安危存亡の道理は明君賢将の道として書かれています。古典から学ぶ必要はここにあります。

・次期藩主となる世子への教育についての質問がありました。お答えします。
十子は親を見習うものだから、善政を期待するなら、藩主自ら善政を行なうのでなければなりません。これが前提です。しかし世子教育はむずかしいのです。下々の子には命令だけですむことも、世子にはそうはいかないからです。

大切なことは、名将賢君の思想を教育するということです。人の道（道理）を学ばせるということです。善悪を弁えさせるということです。しかし、世子がこの話に関心を持たなかったら、世子教育は成り立ちません。これでは困ります。それゆえ教師を選ぶ条件は、世子の関心を開く人となります。道理が分かるように話せる人、これが条件です。

教師（師匠）は極めて大切です。こういう人が藩内にいなかったら、他国に求めるべきです。そして教師は一人がよいです。講義という形で話をすれば、意見するということがなくなり、統治の心得は、藩主には藩主の心得として聞かれ、家臣には家臣の心得として聞かれ、ともに善の道が学べるようになるからです。
・教師選びについて、更なる質問があったのでお答えします。
十十善を備えた人は聖人以外にはいませんので、その範囲でお答えします。ある程度の博学多識の人で志行の正しい人、こういう人がよいでしょう。大学等の古典は、人間が道理道徳を身につけることの大切さを説いています。それゆえ知徳一体の人を選ぶべきです。それゆえ知はあっても徳のない人は駄目です。しかしまた、知徳はあっても、すべての人を育てることのできない人も駄目です。選り好みで教育されたら藩政は歪んでしまうからです。

・更に質問がありました。儒学派にはいろいろあり、特に程朱学派、仁斎派、徂徠派が有名ですが、どの学派から選ぶべきかという質問です。お答えします。

十一家の学を打ち立てた人の学を論ずることを私はしません。ただどの学派も、成徳行（徳行の実現）を目的としているはずですので、その人の徳不徳を考慮して採用すべしと申上げます。藩政の改革は善人を多くし悪人を減らすことです。よく教えて民を善に向かわせるのが教師の仕事です。

臣の巻

・君公を名誉の君と仰がれるようにしたいと思い、その道は、学問において名将賢君の思想を学び、邪正の道理を自ら弁えることにおいて開けると思うのですが、その学問の場がうまくいかない、どうしたらいいでしょうか。

＋学問の場は、学問が自由に学ばれ議論し合う場であるべきです。師を中心にして朋友と自由に学べる場にすべきです。君臣が礼法で心を隔てていては自由に議論し合えません。学問の場では常礼・常格をはずし、自由の場にすることが肝心です。

・政治は上下が一和しないとうまくいかないので、上下一和に心がけましたが、思い通りにはいきません。どうしたらよろしいでしょうか。

＋先施の道を実践することが肝心です。先施とは先に施すということです。いい関係を築こうと思ったらそう思った人から心がけるべきです。特に上下の交わりにおいては上が先施であるべきです。上から和する行為がなければ、下からはなかなかできないからです。これでは不和の元になります。疎遠は不和の元です。先施にはいろいろな方法がありますが、和合を願って声をかけることが先施と理解してください。

・人君は民の父母であるので、その父母の心を弁えなさることを願って、藩主に学問の必要を説き学問をお勧めしてきましたが、そして藩士にも学問を推奨してきましたが、それは要らぬこと、今まで通りでよいとの反対行動が起こされました。困っています。どう考えるべきでしょうか。

＋この改革に確信を持つこと、そして勇気を持つことが大切です。藩主を明君にするのは道理の通る藩にするためです。このことが分からず「横紙破り」をする人はどうしようもありません。この人に翻弄され、この人に従ったら国は滅びてしまいます。押さえるべきです。藩主を明智にして高嶺より風を吹かせれば、愚昧の下々もやがて藩主の明智を喜ぶようになります。確信を持って改革をすすめましょう。

口語訳　嚶鳴館遺草巻第六

花木の花

花木の花を賞翫しようとしたら、根を大切にしなければいけません。これと同じで、国家の富を願うなら、藩主は栄辱の実意を弁えるのでなければいけません。見た目の美しさを飾るのを辱とし、民の父母として、自分よりも民の幸せを願って政治をすることを栄とするのでなければ、富は生じません。民が喜ぶ政治をしてこそ富は生まれるのです。恨みを買う政治をしてはいけません。

対某侯問書

・学問所の運営についての質問ですが、別紙でお答えします。しかし年を取り精神も弱くなったので、随意の筆記のままでの返答になります。ご恩恕を願いたい。

十学問所御造立の本意は、御先祖様よりの風俗を失わず、万人を安堵したいということであって、人を「利口発明」にしたいということではないと思いますので、この認識でお答えします。

十二百年の安楽な生活が奢侈を生み、上のご仁徳が忘れられ、我意我執がはびこり、政治がむずかしくなってきています。学問所はそれを立て直すためのものです。それゆえ四書五経を読むだけでなく、善悪正邪を弁え、人の道理を理解する場とするのでなければなりません。師長（教師）を採用するには、この心得で採用すべきです。

十孝悌忠信仁義礼譲の道徳はどの国でも大切です。しっかり教育すべきです。

十教師といえども善ばかりの人はいません。しかし善事をなし、悪事をしないの心で導くのが教師です。依怙贔屓はいけません。また、学生にはいろいろ不満も出てきますが、分限を守っての忠義の大切さを説くべきです。国をよくするための学問所ですので。

十詩文や学問の指導についての回答。私（久田）にはなかなか理解できませんでした。しかし、最後の部分で、「不負所学（学ぶ所に負けず）」の語が出てきますので、以下のように解釈すべきかなと、私は思っています。

詩文や学問を学べば知らない概念が次から次へと出てきます。そうすると、学生の中には十分な理解に至れず、言行に不一致が生じてきます。間違いを指摘すれば腹も立てます。しかしそれではいけないので、教師はもっと勉強させ、学ぶ所に負けない努力をさせるのでなければならないという意味ではないかと。

十教師は「入りては孝、出でては悌」の思想で、分限を守るように指導すべきです。人欲は野放図のもと、不法不埒にさせてはいけません。深く思想を身につけさせることが肝心です。高慢や我執を戒め、君子にすべきです。小人にしてはいけません。古聖賢は人が善くなるように、悪くならないようにと説いています。学問所から不忠者を出してはいけません。

十学問所御造立の趣旨は、民を徳化して孝悌力田の民にすることです。そのために、士大夫は士大夫の道を守り、士は士の職を守ることを通して、この国を善くしたいと願う心を深めることが大事です。この趣旨を忘れないようにしましょう。

以上で、嚶鳴館遺草全六巻の紹介を終えます。前述しましたが、実際の『明解口語役細井平洲の嚶鳴館遺草』には、巻第六の付録として「与樺世儀手簡」が収められています。しかしすでにこの手簡は紹介してありますので、ここでは省略します。

私は『嚶鳴館遺草』全六巻の全文を読んでよかったと思います。とりわけ平洲が管仲を紹介した「管子牧民国字解」を読んでよかったと思います。平洲の思想を構成する土台が管仲にあることが分かったからです。国を支える土台は農業にあって、農業をどう発展させるか、この思想の上に立って、農業を担う農民をどう大切にするかが藩政の枢要事項という理解に至ったことが分かったから。

実際、管仲の思想が、平洲が加えた説明の程には、人間的でなかったことは明らかです。すでに書きましたが、管仲の原文には「忠恕」の語は見られません。「牧民」だとか「轡」とかに見られるように、農民を人間扱いしているようには思えません。教え導くという思想も見られません。餌を与えてしつけるという牛馬の調教のように思えます。

しかし管仲には、農民を財政の中核と捉え、搾り取るだけの統治論からの脱却が見られます。農民を富を生み出す源泉と考えています。平洲はこれに注目しつつ、農民を人間として扱う人間性豊かな統治論へと発展させていったように思えます。平洲のどこを探しても、農民を牛馬のごとく扱った論は出てきませんので。

儒教を人間の道理を教える学問と理解し、忠や恕の思想で、それこそ「恕と忍びざるの心」で統治論を展開したのが平洲です。

平洲の統治論には、農民責任論も一切出てきません。出てくるのは藩主及び藩の責任論です。藩主民の父母論があるだけです。藩の赤字は、仁徳の統治をせず絞り取るだけの政治をしてきた報いとして生じたのであるから、その責任は藩にある、藩主にある。これが平洲の思想です。藩主倹約論を唱え、仁徳の統治による藩政改革を訴えたのが平洲です。

しかしこの平洲の思想に感動し、藩主民の父母論の思想で仁徳の政治をし、民から聖君と親しまれる程の実践をしたのは鷹山です。鷹山も立派です。ここでも、

細井平洲、上杉鷹山あいまって良となす。

平洲なければ鷹山なし。鷹山なければ平洲輝かず。


が成り立つと言っていいと思います。

しかし、この平洲の思想の背後には、仁徳の統治をすれば民は仁徳で応えてくれるという確信が見られます。これがなければ藩主民の父母論も藩主倹約論も説けなかったと思います。どこからこの確信を平洲は手に入れたのでしょうか。

原点は平洲を育てた尾張藩の善政にあると思います。旧里碑には平洲の文言として「仁の里」が出てきます。この善政において、民は里を「仁の里」にしています。民の願いは手前

勝手に生きることではない。仁の心で、「仁の里」をつくり仲よく生きたい。民はこれを望んでいる。この確信です。これを実現する道は、義寛和尚が教えてくれた「衆の誠」に応える政治でなければと思ってのことのように思えます。

おわりに

この本が、何か落ち着きのない屋上屋を架す構造になっていることを、恥ずかしく思います。その理由は「はじめに」で書いたように、細井平洲が大哲学者であるという予感はありましたが、それは地元東海市の『東海市民の誇り　細井平洲』や、童門冬二氏の『完全版細井平洲』を読んでのことで、私自身の確信になっていなかったということもあって、それを研究する必要があったからです。

そのために、私は「私の細井平洲論確立のために」というテーマで、前二著を徹底的に研究するという方法を取りました。しかし前二著とも『嚶鳴館遺草』を土台に書かれていますので、ここですでに屋上屋を架すがはじまることになりました。『嚶鳴館遺草』を何度も触れることになって。その上に私が、『嚶鳴館遺草』を全文読む必要を感じ、全文を問題にしたので、甚だしい屋上屋を架すことになってしまった。これが理由です。

本当は、これを解消するための書き直しをすべきだったかもしれません。しかし、大変な作業になることと、私の意図、つまり「私の細井平洲論確立のために」という意図が消えてしまう恐れがあったので、やめにせざるを得ませんでした。

それに、私の細井平洲論は、『嚶鳴館遺草』全六巻を読了することにおいて確立されたと言って過言ではありません。読了して分かったのですが、『嚶鳴館遺草』は、巻第四の「管子牧民国字解」が中心で、他の五巻はそれを元に平洲が陶治発展させた理論として書かれていることが分かったからです。そうだったのか、これが平洲の思想だったのかと。繰り返しますが、全六巻を読んではじめてそれが分かったのでした。そして同時に、東海市の筆者たちも童門氏も、管仲が平洲に及ぼしたこの影響について、特別に顧慮していないことも分かりました。

そのため、この大事な『嚶鳴館遺草』全六巻読了を、部分紹介や要約紹介ですますことはできなかった。長い長い屋上屋を架すの言い訳になりましたが、よろしくご了解ください。

今やこの私の平洲論で、私は、平洲を、管仲の農政論を人間性豊かに発展させることにおいて、儒教史上空前の思想家にしたと、改めて評価できるようになりました。端的に言えば、封建制を、搾り取るだけの封建制から、農民を主人公にした農政の封建制にしたがゆえにと。

平洲の農政の原形は、すべて管仲にあると言えます。

平洲思想の要は「藩主民の父母論」にありますが、管仲の原文を見たら、この原形論はすぐ納得していただけるでしょう。

管仲は、君主のやるべきことは、民が喜ぶように民を豊かにすることであって、こうすることにおいて、政治を安定させることが肝心と言います。これこそが「民心」に応える道だと。しかし管仲の場合、民は牛馬扱いで、餌を与え調教することが大切と言います。それに対して平洲は、民は牛馬ではない、きちんと教え導けば必ず民は応えてくれるという理解に立ち、「衆の誠」に応える政治の必要を説いたのです。これが「藩主民の父母論」の要の思想です。

「衆の誠」は義寛の言ですが、平洲が、管仲の「民心」に応える思想を、「衆の誠」に応える道としてしっかり受けついでいることが分かります。「藩主民の父母論」の中味は忠恕の心での実践です。童門氏の言で言えば「恕と忍びざるの心」での実践です。民を忠恕の心で導き、里を道徳ある「仁の里」にすること、これが平洲の目標でした。

忠恕の心とは、藩主が民の幸せを願い民とともに幸せを実現していく心のことです。この心でもって統治にあたるべしが「藩主民の父母論」です。

ではこの忠恕の思想を平洲はどこから得たか。もちろん儒教の孔孟思想からであることは自明です。しかし、現実の政治の場面で、これでやっていける、やるべきだという確信は、管仲の農政論とともに以下の人びとの実践を見てと思います。観音寺寺子屋の義寛和尚の「衆の誠」の言や、生まれ故郷の「平島」の人びとの「誠」の生き方や、これを可能にした尾張藩の善政から得たと思います。そしてその思想の成果は米沢藩の上杉鷹山の実践によって示されたと言っていいでしょう。民から、鷹山は「聖君様」、平洲は「聖君の御師匠様」と言われたのですから。

私はこの本を閉じるにあたって、私の研究はもちろん、平洲思想の研究はまだまだこれからだと思っています。童門氏は『完全版　細井平洲』を出版されましたが、完全版は童門氏の研究における完全版であって、平洲研究の完全版ではないと思いますので。このことは童門氏ご自身が一番ご存知と思います。

私のこの研究で言えば、管仲の農政論が平洲の思想の骨格をなしますが、この管仲の農政論といつ出会ったのか。私はこの管仲の農政論を陶冶させることにおいて、「藩主民の父母論」を導き出したと言いますが、それでいいのかは疑問が残ります。すでに平洲は「藩主民の父母論」を確立していて、管仲の農政論と出会うことによって深めたのかもしれないからです。この両論が平洲の思想であることは明らかですが、両論成立の過程が明らかになれば、平洲の思想をもっと深く理解することができると思うからです。

　嚶鳴館での講義録と言われている『嚶鳴館遺稿』を読んだら分かるかもしれません。管仲の農政論との出会いが、感動をもって語られているということがあって不思議でないからです。しかし八十路の私にはもうできません。関心のある方にお願いするばかりです。

　それからもう一つ。平洲は両国橋のたもとで辻講釈していたと言います。これを聞いた時、私はびっくりしました。学者先生が辻講釈に立つなどは、想像もつかないことでしたから。東海市の執筆の先生たちも、童門氏も当然のように紹介していますが、この時代の儒学者たちは多くはこうしていたのでしょうか。そうでなく平洲一人がこうしていたとするなら、この行動も儒教史上空前の行為と言えます。しかもこの辻講釈の中味は「藩主民の父母論」であったはず。これが藁科松柏に認められ、米沢藩の賓師となる契機になったのですから。そしてその後も、この平洲の辻講釈は、民の心を仁に導く廻村講話へと発展させられていきます。

　これらについても関心のある方は、研究していただけたら嬉しく思います。

付録

この付録は、私の『櫻井敬徳の思想的土壌としての西阿野村慶応二年の〈御触留〉読解』（知多の哲学者シリーズ⑥、ほっとブックス新栄、二〇一九）の「あとがき」全文です。

櫻井敬徳の生没年は、天保五年（一八三四）―明治二二年（一八八九）です。彼は西阿野村出身で、同村の高讃寺で修行をし、天台宗三井寺の塔頭法明院の住職を務められました。台密を身につけられ、明治の当初におきた廃仏毀釈の嵐の中、フェノロサや岡倉天心らを指導して日本仏教の法灯を守った坊さんです。

この〈御触留〉には、七五項目が書かれていますが、そのうち一七項目は、代官（奥田伝蔵）によって、西阿野村に対する指導として書かれています。この指導の中に細井平洲の思想が含まれていると思い、付録として掲載する次第です。

あとがき

あとがきとして、「代官、奥田伝蔵の思想」を書きます。

しかしなぜ私がこの「あとがき」にこれを書こうとするかは、「おわりに」で書いたように、櫻井敬徳の思想的土壌を伝える上で要の思想をなしていると思うからです。櫻井敬徳の思想は慈悲の思想であり、成仏・成道に則った慈悲の実践でした。この目で見ると、代官奥田伝蔵の思想こそは、櫻井敬徳の思想の土壌になっていると思えます。奥田伝蔵の思想は統治者からの視点からですが、隣人愛や慈悲の思想に溢れています。

では奥田伝蔵の思想のどこに。それをこれから書いていきます。

私はこの『慶応二年の御触留』の読解のために、七十四の小見出しをつけ、中味を分類しました。奥田伝蔵は統治組織の末端にいますので、多くは上からの御触を村々（領民・農民）に伝えるという仕事をしています。しかしその中にあって奥田伝蔵自身が発した御触もあるのです。それらを紹介しながら、奥田伝蔵の思想を見ていくことにしましょう。

私は小見出しのいくつかに、「道徳心に訴える」と「村を守ろう」を付しました。実際にはこれに該当する御触は他にもありますが、これらの御触には奥田伝蔵の思いが込められています。隣人愛や慈悲心からの訴えとなっています。具体的に見て行きましょう。

④風紀の戒め　道徳心に訴える①
⑲道徳的教訓として　道徳心に訴える②
㉙盗人の取り締りと困窮者への配慮　道徳心に訴える③
㉛米や質流れ品の売買は禁止　道徳心に訴える④
㉟飢饉への備えと風紀の戒め　道徳心に訴える⑤
㊲飢饉を村々の努力で乗り越えよう　道徳心に訴える⑥
㊴毛利大膳家の家老が発した逃散戒めの御触　道徳心に訴える⑦
㊺富体の集まりはよくない　道徳心に訴える⑧
61願い事は手配筋を通すべし　道徳心に訴える⑨
72背積は許されない　道徳心に訴える⑩
㊷悪党に対しては異国船のように打ち払え　村を守ろう①
㊽公儀を語る者に注意しよう　村を守ろう②

㊾異変には戦時体制で備えよう　村を守ろう③
㊿廻村を語る廻村詐欺を許すな　村を守ろう④
(58)よそ者や浪人に村内寄宿をさせない　村を守ろう⑤
(67)よそ者や浪人の寄宿は禁止　村を守ろう⑥
(68)海岸守を再建しよう　村を守ろう⑦

右のものについての私の見解は、それぞれの箇所で、＊をつけた「説明」の項を設けることで既にしてあります。それゆえここでは、とりわけ大切と思えるものについてのみ、「道徳心に訴える」と「村を守ろう」から選び、なぜ隣人愛や慈悲心と言えるのかの説明を加えることにします。

〔㉙盗人の取り締りと困窮者への配慮　道徳心に訴える③〕
翻刻文は省略。

近来（最近）、村々へ盗賊が折々に立ちまわり候由により、盗まるる品の注進が度々有り。盗人を召し捕え方は、尤も油断なく取り斗らることに候えども、差当り盗まる主の難渋には見かえがたく候ので、村々の庄屋、組頭は申し合わせをし、よく村内の締めの番非の人をしげくして、見廻らせ申すべし。夜分には別して（特別に）厳しくして、拍子木等を打ち、時には廻りをもいたし、怪しきものを見当て次第、捕り押さえ置き、早速に申し出るべきこと。

但し、米穀を初め、古来聞き覚えぬ高値［直］にて一同難渋の折から、今日の凌ぎ方に差しつまり候により、余儀なく盗みいたし候ようの者も、間々有るものに候。これらの輩は実に不便の次第に候ので、極めて困窮の者どもには、その（方の）村々の頭分（頭の身分）の身柄の者どもにより、精々、心を附けての恵み遣わし申すべきこと。

右の趣を心得て、猶更厳しく村ごとに締めを致すべく候。承知の上で、早々に順達し、留村より戻すべきものなり。

寅三月二十七日

横須賀陣屋

別紙の村々の庄屋へ

大野より大泊まで

私は右のように「訓読風現代語訳」をした後で、左のような説明をつけておきました。

この御触からは、代官が、盗人に対しては厳しく取り締まれと言いつつも、窃盗は生活の困窮からするものであるので、身分の高い頭分の者は彼らに恵をして、しないですむような心遣いが必要であると説いている。温情が感じられる。

何故代官の奥田伝蔵は窃盗者に対して恵を施せと説いたのでしょうか。解答はいくつも考えられます。弱者がかわいそうだから。共存は弱者への配慮がなかったら成立しないから。リーダーが弱者を差別したら村落は駄目になるから等々。

私はどれも正しいと思います。しかし村人はみんなが生活に苦しんでいる。窃盗者を罰してくれなかったら、まともに働いている俺たちが駄目になってしまうと訴えている。

代官は、よく分かった、窃盗者は罰する、しかし窃盗者といえども村人ではないか、心を懸けて罰するのでないと、村はぎすぎすした罰村になってしまうぞ、いい村にしようよ、みんなで頑張って、こう言っているように聞こえます。

「水戸黄門漫遊記」でも「遠山の金さん」でも「大岡越前守」でも、そこに登場するのは悪代官ばかりです。しかしこの奥田伝蔵はとても悪代官には見えません。善代官に見えます。しかし、それはそうだけれど、奥田の目は上から目線で、下から目線ではないと言われるかもしれません。確かにその通りです。しかし下から目線の御触を一つだけ見つけました。それを次に紹介しましょう。

〔㉚米麦雑穀の領内からの持ち出しは禁止②〕

今度、米麦雑穀ともに御国よりの出し方が差し留めになり候ところは、尾張美濃に差別なく、御領民に難儀が及ばざるようにとの御主意に候条。銘々は心得違いなきように致すべく候。ついては当分の内は、尾州地より美濃地の御領分の村々に差送り候儀は差留め候ので、美濃地は美濃地にて取り引きを融通致すべく候。（しかし）その内に、尾州地より不買入に候てはなりがたき節は、双方が願い出て、指図［差図］を任すべく候。若しこれに背く者が有るにおいては、急度（厳しく）咎を申しつけるべく候。右の趣を触れるべしの旨が、地方に御勘定奉行衆より申し聞かされ候ので、村中の者へ洩らさざるように触れるべく候。承知の上で、早々に刻付を以て廻し、納村より返すべく候。以上。

三月二十八日　　奥田伝蔵　　森村より

大谷村まで

私は右のように「訓読風現代語訳」をした後、左のような説明をつけておきました。

勘定奉行は米麦穀物の尾張の国からの持ち出しを禁止すると言う、しかも咎をつけてまでして。しかし、これは領民にとって不都合な御触。だからこの御触は撤回されねばならない。代官はそこでこう言う。生活が「なり難き節」は、申し出て善処（指図）してもらおうと。御触は御触として守りつつ。

統治機構の末端の役人としての奥田伝蔵の思想がよく表明されています。御触は御触として守ろう、しかし領民のためにならない御触は改めさせていこう、こう言うのですから。今私は末端役人の弁と言いました。上の顔色を窺いながら、上手に自分の主張を通していこうと言うのです。下から目線のものであることは明らかです。

しかし奥田の真意はこんなものではなかったと思います。御触は領民のためにあるもの。

領民のためにならないものは領民の努力で領民のためになるものに替えていこう、先の言の中にはこんな思想も垣間見えます。これこそはまさに下からの目線。民主主義思想です。共存、仏教の思想です。この思想こそが櫻井敬徳思想の土壌をなしたと私には思えます。

｛㉟飢饉への備えと風紀の戒め　道徳心に訴える⑤｝

当の時（現在）の世上の有様を考え候に、近来の左のみ（それほど）の凶作とは申すにもなくに（申せないほどの凶作なのに）、米穀の価格が（ことの）外に高値［高直］になり、この姿を以て、誠の凶作飢饉に臨み候時は、何程の価（格）になるべきかな。その上に、世の中も何となく荒々しい人気（人情）となり、行方［行恵］を考へ候ては、実に寝食にも不安な折柄にて、この上は、衣食住の費を省き、倹約を守り、常々田畑に仕つけ候作物にても、丈夫なる食になるべき品を心懸け、万一飢饉に逢い候時の覚悟をいたし申すべく、衣服も木綿を専らに用い候は百姓の当り前に候ので、絹布の類は堅く着用致さぬようにすべし。（略）

一、（略）

一、（略）

一、（略）

一、公事への出入り、又は願い筋等につき権門要路（要職）の御役人に向かい、或いは右の家来等へ手を入れて頼み込み候者も有る。心得不宜に（よろしからざるに）候。譬え御役人向き等へ手を入れ候とも、悪しきことのよくなるようには行き届かず、直成事（すぐなること）の曲れるものに（あること）もなし。されば誠に詮無きことにつき、今後［向後］は差止めを申すべし。このことを用いず（聞き入れず）、手筋等を以て、我等手前は何とかと申し出づる者が有らば、その頼み候ものを取り訂（正）し申すべく候ので、何ごとも陣屋へ申し出候ように致すべく候こと。

一、（略）

一、近頃は村々の風儀が悪しくなり、何事によらず多人数が寄り集まり、酒食等をいたし、その村により（から見て）、不調法などを致し候者が有る節は酒を出させ、或いは入組み等の中直り（仲直り）と唱えてこれ又酒食いたし、もし思うように酒などを振る舞わぬ者が有る時は、八分（はちぶ）とか申して、一村の寄合いごとを初め、万事につき、除け者のようにいたして、難儀致させ候かなと聞こえるは、不都合のことに候。以後［已来］は、吉凶事どもに、親類又は心易きものども寄り合い候とも、身分相応に手軽にいたし、過酒などは決していたさぬように、急度（厳しく）心得、すべて朴の風儀に移り候ように、心懸けるべし。

右の趣を触れ候ので、村中の者へ洩らさざるように申し聞かすべく候。承知の上で、庄屋に印判せしめ、早々に廻し、納村より返すべく候。以上。

四月十五日　　奥田伝蔵　　樽水村より
大泊村まで

かなり省略した引用なので、説明文もそれに合わせた形に直します。

この長い御触の中味が道徳的教えとなっていることは明らか。飢饉に備え、質素な生活をし、勤勉に働くようにしようという御触であるので。そして「庄屋に印判せしめ」としているので、私だけでなく道徳心を高める運動に庄屋も協力して欲しいと言っていることが分かる。心から訴えている。

さて、何はともあれまず、右の引用にはかなり省略があるので、本文で全文を確認していただきたく思います。私が引用した部分には、賄賂やいじめはいけないと説かれています。これらをよくないと言うのは簡単ですが、奥田伝蔵は、そのよくない理由を、自分の頭で考え、自分の言葉で説明しています。これが何と言っても素晴らしいのです。役人への賄賂では、それによっては「直成事（すぐなること・正道）」は実現しないからいけないと言います。華美については、いじめの手段になっているから駄目と言います。

この御触からは、道徳心を高め、共存による素晴らしい村をつくろう、こんな奥田伝蔵の意志が伝わってきます。

次に「村を守ろう」の御触を見ることにします。

〔㊷悪党に対しては異国船のように打ち払え　村を守ろう①〕

近来（近頃）の世上の穏やかならざる時勢について（「は」消去）。浪人体の胡乱なる者（怪しい者）ども等が村々を徘徊し、良（やや）もすれば乱暴［乱妨］いたし候ようなり。異変（悪事）を起こし候えば、その（方の）所の難儀となるべし。既に当月の上旬には悪徒者（悪党）が村々を横行し、金銭等を無理に借りせしめ候儀も有り候ので、猶（一層）心を配り、怪しき者が上陸し、又は通行いたし、あるいは押し借りなどと申して、懸け如何（いかん）に見受［請］け候わば、兼ねて申し渡し置き候異国船の渡来の節（のよう）に、人数を組み海岸守の者どもが差配をいたして、竹ぼら（ほら竹）を吹き、その所へ駈け集まり、捕り押さえ申すべし。手に余り候節は打ち殺し叩き候とも、苦しからず候ので、（この旨を）右の人数を組む組へも急度（厳しく）申し通じ、常々油断なく申し合わせ置き、厳重に村限締めをも致すべく候。尤も、その段は早速、陣屋へ注進せしむべく候。承知の上で、この状を早々に廻し納村より戻すべきこと。

寅五月二十三日　　横須賀陣屋　　多屋を初として
　　　　　　　　　　　　　　　　北奥田まで

本文での私の説明は、大体以下のようにしておきました。

浪人体の悪党どもの横行が見られるが、これらに対しては異国船打ち払いの際のように打ち払って、村を守ってよいという御触である。自警力を高めようと言うのである。
「村限締め」を、私は「村の力の限りで取り締まれ」と読解する。

村は村人の力で守ろう。この思想がよく示された御触です。代官はこの行動を断固支持すると言います。これはまさに自治思想の喚起です。

私はこの『慶応二年の御触留』を読んでいて、幕藩による領民に対する支配機構のイメージが変わりました。勿論、領民支配の点は変わりませんが、支配は、支配のための支配などでなく、領民自治の上に立った支配、こんなイメージが湧いてきたのでした。この目で見ると、御触が道徳心に訴えるものになっているのも当然のように思えます。自治は自律の上に開花するものですので。

この自治思想の補足として、海防のための「飼葉」調達についての御触を見ることにします。

外国船の渡来が激しくなり海防の必要が高まる中、飼葉の調達が必要になります。代官は、尾張藩勘定奉行からの命を受けてでしょうが、まさに真剣に飼葉の調達を考えます。領民の自覚を高める方向で。目標を提示するのでなく目安を示す方法をとったり、庄屋たちと「御申談」などを開いたりして。申談は相談とは違いますが、事情を伝えどうしたらいいかを考えさせる方法でしょう。申し談じるですので。そして同時に海岸守の充実と再整備を訴えています。飼葉の①②③及び㊳の御触参照。

最後に、「廻村を語る廻村詐欺を許すな」の御触を読んで、領民自治（農民自治）を心から望んでいた奥田伝蔵の思いを確認しておこうと思います。勿論、領民自治の上に立った支配論ではあるけれども。そしてこの思想は、奥田伝蔵のみならず、尾張藩や幕府の思想でもあったと思われます。しかしこの尾張藩や幕府については、今はまだ私の予感に留まります。論証はできていませんので。

〔55廻村を語る廻村詐欺を許すな　村を守ろう④〕

村々の廻村の儀。御用がないのに休泊等いたし候者は有りまじく候えども、万一にも右体の次第に有り候ては、村方は疾苦難渋に有り候ので、弥（いよいよ）厳重に心得て、（これ）以後［已来］は地方筋を初め諸役は［の］、廻村での休泊の月日、御役目と姓名、並びに何方より何方へ越し候の訳を委しく記し置いて、一ヶ月分ずつ毎月五日までに、（廻村の）有無とともに、陣屋へ申し出るべく候。尤も御役人体（風）に申し（語り）参じ候とも、怪しく見え候分にはその節々に、早速申し出づべく候。

但し、村々の内の商人宿の者どもにおいても［は］、御役人体の者を休泊致させ候儀は勿論有るまじく、商人宿へつく締筋には、追々申し渡し置きしことに候えども、猶更、本文の趣を心得させ、如何（いかん）と見え候ものが休泊いたし候わば、宿主において聞き訂（正）し、月日、名前と住所等を記し置き、村役人へ申し出て、村々より毎月、申し出るべく候。

右の趣を承知の上で早々に順達し、納村より戻すべきものなり。

寅六月二十三日　　横須賀陣屋　　岡田村を初として

苅屋村まで

私は右について、本文の説明の箇所で、左のような説明を加えておきました。

公儀による廻村と語って、村々に「休泊」の便宜を要求する者が出てきた。こんな者を許しておいたら村々は「疾苦難渋」になり、秩序が乱れてしまう。断固対処しなければならない。怪しき廻村を語る者については、姓名や月日、訳などを聞いて、報告して欲しいと言う。商人宿も同じで、宿主は報告すべしと。

大切なことは、この種の人間を放置したら村々は疾苦難渋になり無秩序になってしまうので対処しなければならないが、陣屋と協力してと言っている部分です。村の責任だけで対処せよとは言わない。代官も頑張るので、みんなも頑張って、住みやすいいい村にしよう、こんな思想が伝わってきます。

私は以上において、櫻井敬徳の思想的土壌として、代官奥田伝蔵の思想を読み解くことが出来たと思います。櫻井敬徳はみんなで幸せになろうというこういう思想的土壌の中で、出家を志したのだと思います。勿論、今述べたほどに明瞭な意志で出家したかどうかは分かりません。しかし円頓菩薩戒を身につけ、成仏・成道の精神で慈悲の世界実現に奮闘した櫻井敬徳です。あながち空想のつくり話ではないと思います。

私は『廃仏毀釈の嵐の中　フェノロサとともに日本仏教を守った櫻井敬徳』の「はじめ

に」の処で、櫻井敬徳と細井平洲の思想に共通性のあることを述べておきました。奥田伝蔵の思想に細井平洲の思想の影響を見ることは容易です。いずれかの機会に、『櫻井敬徳と奥田伝蔵を育んだ細井平洲』論を書こうと思っています。

注記

この「あとがき」の最後の四行は、「私の細井平洲論」が確立していない段階での文で、予感として書いたものですので、何か付け足しの感がありますが、しかしこの私の本を読了した上でなら、十分に了解していただけると思います。奥田伝蔵には「農官」の自覚が溢れています。

ご意見をお聞かせください。

〒470-2401　愛知県知多郡美浜町布土字和田 37-3

久田健吉

TEL & FAX　０５６９−８２−０８２６

久田健吉（ひさだけんきち）

1942 年生まれ。66 年愛知教育大学卒業。72 年名古屋大学大学院修士課程修了。74 年大同大学大同高等学校就職。2002 年同校退職。05 年名古屋市立大学大学院博士課程修了。同年博士号取得。06 ～ 08 年名古屋市立大学と中部大学技術医療専門学校で非常勤講師。最近まで知多市・東海市・豊明市にある市民大学で講師。

［著書紹介］

『私立工業高校復権宣言』（高校出版、１９９４）

高校教師だったころの教育実践録です。「哲学とは理性の心、それは隣人愛の実践」という哲学テーゼを確立する以前の、いわば模索の時代の著作です。

『我が哲学人生　隣人愛の道』（自費出版、２００２）

高校教師の中で見つけた隣人愛の道、これこそをこれからの我が哲学人生の道標にしよう、こんな思いから、高校教師退職を記念して出版しました。

『ヘーゲル国家論の原理』（晃洋書房、２００９）

学位論文。ヘーゲルの国家論の原理は隣人愛です。このことを論証しました。ヘーゲルの原典に即しているので難解ですが、大事なことは解明できたと自負します。

知多の哲学者シリーズ（ほっとブックス新栄）

①『知多の哲学者たち』（２０１２）

谷川徹三、森信三、中埜肇、梅原猛の思想を扱っています。

②『隣人愛と倫理学』（２０１３）

聖人の思想を扱っています。聖人とはイエス、仏陀、孔子、ソクラテスのことです。倫理学の土台は聖人の思想にあります。

③『ドイツ観念論物語』（２０１７）

カントの道徳律がドイツ観念論の根幹をなします。この理解の下に、カント＝ヘーゲルとして論じました。両者をつなぐ要の位置にあるのがカントの『判断力批判』です。

④『村民とともに生きた盛田命祺と溝口幹（鈴渓義塾物語①）』（２０１８）

鈴渓義塾を舞台にした盛田命祺と溝口幹の物語です。村民とともに生きた盛田命祺の思想を、溝口幹は鈴渓義塾で開花させました。

⑤『廃仏毀釈の嵐の中　フェノロサらとともに日本仏教を守った櫻井敬徳』（２０１９）

フェノロサは櫻井敬徳に学んで仏教徒になりました。何を学んだか。「円頓菩薩戒」です。櫻井敬徳はこの「円頓菩薩戒」の体現者でした。

⑥『櫻井敬徳の思想的土壌としての西阿野村慶応二年の〈御触留〉読解』（２０１９）

櫻井敬徳の思想は、共存に努力する西阿野村で育まれたと言って間違いないでしょう。

・『櫻井敬徳勉強会の記録』（２０２０）（共著）

これは櫻井敬徳の出身地常滑で行った勉強会の記録です。記念文集と資料編からなっています。資料編には貴重な資料が含まれています。

⑦『大欲の菩薩道に生き、哲学者として生きた愛知用水の父　久野庄太郎』（2020）

久野庄太郎は知多半島随一の哲学者と言って過言でないでしょう。しかし愛知用水をつくっただけの久野がなぜ。読めばすぐ分かります。素晴らしい哲学者でした。

⑧『企業哲学と共生の経営論を説いた盛田昭夫と平岩外四（鈴渓義塾物語②）』（2020）

新自由主義が台頭する一方、日本は集中豪雨的輸出と世界から批判されていました。二人は鈴渓義塾の思想で以てこれらとたたかい、共存の経営論を展開しました。

⑨『森田武氏の自分史　山崎古墳の守人としての我が人生　―寿山庵とともに―』（2021）

森田武氏の思想は、昏迷する日本の思想状況の中、仏教の思想を大切にしながら、その解決をめざして努力しています。大切な人と思います。

⑩『明治初頭の子どものための修身読本紹介　―亀谷省軒編〈修身児訓〉読解』（2021）

古老が説く道徳による教えは、この『修身児訓』にほとんどすべて述べられています。

『教育勅語』でないことに注意しましょう。

⑪『尾州廻船水主(かこ)　音吉の哲学思想陶冶の物語　―音吉表現のギュツラフ訳聖書を読む―』（２０２１）
音吉の哲学思想陶冶の物語が書かれています。音吉が協力した『音吉表現のギュツラフ聖書』は仏教理解による仏教聖書になっています。ここが大事。

⑫『融通念仏宗の宗祖 良忍上人の思想―復権させよう、現代に生きる融通念仏宗の精神を―』（２０２２）
「菩薩道」と「隣人愛」。この本は⑪と対をなすものと考えます。みんなで助け合って、阿弥陀仏が本願とする仏国土を実現しよう。これが融通念仏宗の精神です。

⑬『円観寺物語　森田萬右衛門の真相　森田萬右衛門を育てた杉浦旭順』（２０２２）
軍国主義では幸せな村づくりはできない。これが村づくりに生涯を捧げた森田萬右衛門の思想です。

⑭『菩薩道に生きた　新美南吉と小栗風葉』（２０２２）
自利にして利他。これが菩薩道です。みんなで幸せになろう。これが菩薩道です。南吉も風葉もこの菩薩道の実現を目指しました。

⑮『曹洞宗が「重興」と讃える森田悟由の真相　森田悟由の思想を読み解く』（２０２３）
善に生きみんなの幸せのために努力した森田悟由と戦争推進論者であった森田悟由。どう評価したらいいのでしょうか。今も複雑な気持ちでいます。

⑯『私の細井平洲論　恕と忍びざるの心で藩政改革を促した細井平洲―「衆の誠」がつくる「仁の里」―』（２０２３）
細井平洲が説いた「藩主民の父母論」は儒教史上空前の思想です。「衆の誠」がつくる「仁の里」。この思想こそが平洲を上杉鷹山の師にした思想です。

＊お求めは書店に。ない場合は著者に。善処します。
〒四七〇―二四〇一　美浜町布土字和田三七の三　久田健吉
ＴＥＬ＆ＦＡＸ（〇五六九―八二―〇八二六）

私の細井平洲論
恕と忍びざるの心で藩政改革を促した細井平洲
—「衆の誠」がつくる「仁の里」—
—知多の哲学者シリーズ⑯—

2023年12月15日
【1000円】

著者：久田　健吉
発行：ほっとブックス新栄
発行者：藤田　成子
461-0004　名古屋市東区葵 1-22-26
Tel：052-936-7551　　Fax：052-936-7553
ISBN978-4-903036-46-5 C0010 ¥1000E
印刷：エープリント